わかりやすい

プロジェクトファイナンスによる資金調達

インフラ投資を実現する

はしがき

　プロジェクトファイナンスは一般的に利用されているとは言えない借入形態です。プロジェクトファイナンスはインフラや資源など限られた業種の大型プロジェクトに適用されることが多いため、貸手である銀行では専門部署が担当しますし、借手として経験できる機会はなかなかありません。

　筆者は銀行員（貸手）としてプロジェクトファイナンスに関わる機会が長かったのですが、数年前に一般企業に転職し、借手として資金調達する立場になりました。所属していた銀行ではプロジェクトファイナンスのノウハウが組織で共有されていたので、プロジェクトファイナンスはOJTを通じて学んでいた面がありました。ところが今の会社はプロジェクトファイナンスによって資金調達した経験が少ないので、社員からは一からプロジェクトファイナンスを勉強したいという声が聞かれました。

　プロジェクトファイナンスに関する書籍は数多く出版されていますが、借手の立場からプロジェクトファイナンスによる資金調達のノウハウをコンパクトに解説した本は意外に少ないことに気づき、本書の執筆に至ったものです。

　この本ではプロジェクトファイナンスとはどういう特徴を持つ借入なのか、借手にとってどういうメリットがあるのか、銀行に相談に行くまでに必要な準備とは何か、また銀行との交渉はどのように進めるべきなのか、その交渉上のポイントは何かについて、なるべく平易な言葉を用い、図表も入れて解説しています。

　プロジェクトファイナンスで資金調達をしようと思っている方が本書を読み通すことで、プロジェクトファイナンスの全体像を理解できるように構成しています。

　なお、プロジェクトファイナンスは主に海外のインフラや資源事業で利用されているファイナンス手法ですが、最近では国内の再生エネルギーや卸電力事

業、公共施設などの日本版 PFI（Private Finance Initiative：民間資金等活用事業）、空港ターミナルなどのコンセッション（公共施設等運営権）事業などにおいても、プロジェクトファイナンスが利用されるようになっています。本書では主に海外のプロジェクトファイナンスを念頭に解説をしていますが、基本的には国内のプロジェクトファイナンスでも内容は共通です。

　本書が、これから新たなプロジェクトを立ち上げ、プロジェクトファイナンスによる資金調達を計画されている企業の方々や、プロジェクトファイナンスとはどういう借入なのかを知りたい方のお役に立つことができれば幸いです。最後に、本書を出版して頂いた株式会社税務経理協会の吉冨智子編集長に深く御礼申し上げます。

　2021 年 4 月

堀切　聡

目　　次

第2章　プロジェクトファイナンスのためのプロジェクト組成　29

第1章

プロジェクトファイナンスとは

プロジェクトファイナンスの定義

親会社保証を必要としない子会社借入

プロジェクトファイナンスとは、特定したプロジェクトが借入人となる借入形態のうち、債務返済のための原資が当該プロジェクトから生み出されるキャッシュフロー（現金収支）に依拠し、担保は借入人の資産に限られ、原則として親会社等からの債務保証を必要としない資金調達のことです。プロジェクトファイナンスを利用して資金調達するプロジェクトの例は、IPP（Independent Power Producer：独立系発電事業者）、LNG（Liquefied Natural Gas：液化天然ガス施設）、鉱山開発、石油精製、石油化学、鉄道、道路、橋などです。インフラストラクチャーや資源関連設備等の、長期間に亘って投資回収を行うプロジェクトに用いられます。

プロジェクトファイナンスに相対する概念はコーポレートファイナンスです。コーポレートファイナンスは総合的な企業信用力をもとに行われる資金調達で、当該企業の過去の業績（トラックレコード）を踏まえた将来の企業価値に依拠して資金調達するものです。

ところが、プロジェクトファイナンスでは通常、新たに事業を始めるための事業会社である特別目的会社（SPC：Special Purpose Company）を設立し、そのSPCが借入主体となります。SPCは過去の業績を持ちませんので、いわば生まれたての赤ん坊が銀行から借入を行うようなものです。つまりSPCは設立したばかりで不安定・不確実な存在ですので、SPCを設立する親会社（スポンサーと呼びます、いわば赤ん坊の親です）がSPCの借入の返済に責任を持つこと（債務保証）すなわちスポンサーが保証人となることが、通常求められます。ところがプロジェクトファイナンスではスポンサーの債務保証が必要とされな

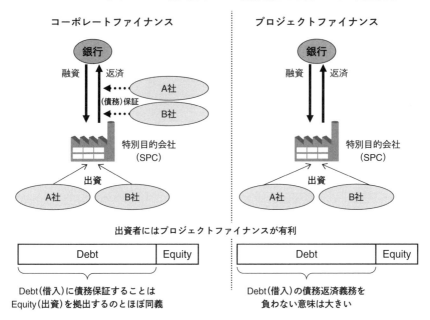

図表1-1　コーポレートファイナンスとプロジェクトファイナンスの違い

プロジェクトファイナンスは親会社等からの債務保証を必要としない資金調達

いのです。

　図表1-1でコーポレートファイナンスとプロジェクトファイナンスの違いを図式化しました。コーポレートファイナンスはSPCの債務をスポンサーのA社・B社が債務保証しますが、プロジェクトファイナンスでは債務保証は必要ありません。どちらもA社・B社の出資によるSPCですが、プロジェクトファイナンスではSPCの借入（Debt）の返済が困難となった場合においてA社・B社が代わって返済する義務がないため、スポンサーとして有利な借入となります。

　まずプロジェクトファイナンスではSPCがスポンサーである親会社からの債務保証なく借入を行えると理解してください。

返済の原資は SPC のキャッシュフロー

　それではなぜ、赤ん坊の SPC がスポンサーの債務保証なしに借入ができるのでしょうか。それはプロジェクトファイナンスでは、SPC の債務返済のための原資（返済原資）が、SPC が運営するプロジェクトによって生み出されるキャッシュフローで十分に賄うことができるように予め仕組んであるからなのです。つまりいざという場合に備えて、スポンサーに返済の肩代わりしてもらうことを想定せずとも、SPC が返済不能に陥らないように、ありとあらゆる手段や工夫が講じてあるのです。この手段や工夫のことを専門的にはセキュリティーパッケージ（債権保全策）と呼びます。またこのセキュリティーパッケージを構築することをストラクチャリングと呼びます。プロジェクトファイナンスで資金調達することはまさにストラクチャリングの世界です。プロジェクトファイナンスでの返済原資は SPC のキャッシュフローであり、そのキャッシュフローはストラクチャリングによってどんな事態になろうと確実に創出されるようにしてあるのです。具体的には、建設の完工が遅延した場合には建設会社から損害金の支払いを受けることで、またプラントが故障し操業停止となり収入が途絶した場合には予め返済原資を準備しておくことで、さらに風水害で機器が損壊した場合には損害保険金で原状回復することで、返済不能に陥らないようにストラクチャリングされているのです。

担保は SPC の全ての資産が対象だが、同資産に限定される

　プロジェクトファイナンスでは、SPC の借入に対して、SPC のありとあらゆる資産が担保として銀行に取られます。SPC の保有する土地や工場はもちろんのこと、SPC の収入口座や各種契約なども担保となります。スポンサーの債務保証がないので、担保設定は当然と言えますが、逆に言えば担保は SPC の資産に限定されるのが特徴です。子会社借入のためにスポンサーが自分の遊休資産

などを担保に供する必要はないわけです。唯一の例外はスポンサーが所有する SPC の株式も担保に取られることで、これは次の SECTION 2「プロジェクトファイナンスを採用するメリット」でその理由を説明しますので、頭の片隅で憶えておいてください。

　以上 3 点がプロジェクトファイナンスの特徴になります。

　少し話が逸れますが、事業や資産が生み出すキャッシュフローに依拠する借入をアセットファイナンスと呼びます。プロジェクトファイナンスもアセットファイナンスの一つだということを憶えておいてください。

　アセットファイナンスは、最近盛んに活用されている不動産向けのノンリコースローンや証券化など、すでにキャッシュフローを生んでいる保有資産に依拠した資金調達を指すことが多いですが、プロジェクトファイナンスは、新たに立ち上げるプロジェクトに適用されることが多いです。プロジェクトから生み出されるキャッシュフローを返済原資とする点は通常のアセットファイナンスと一緒ですが、プロジェクトが確実に立ち上がり、キャッシュフローが想定通り生み出されるかどうかの見極めが難しいため、ストラクチャリングが複雑になることがプロジェクトファイナンスの特徴です。

プロジェクトファイナンスを採用するメリット

　ここではプロジェクトファイナンスを利用するメリットについて説明していきます。視点として、プロジェクトの実施主体となる SPC やスポンサーからのメリットを考えてみます。SECTION 1 でプロジェクトファイナンスの特徴を説明しましたので、そのメリットは想像が付くことと思いますが、メリットの説明を通じて、プロジェクトファイナンスの内容をもう少し深堀りしてみます。

債務保証の必要がない

　プロジェクトを実施するにあたって、SPC を設立しプロジェクトファイナンスによる借入を行うわけですが、そのスポンサーは借入の債務返済の責任の全てを負う（債務保証の）必要はないことは前述のとおりです。これがプロジェクトファイナンスの最大のメリットです。このようにスポンサーに返済の肩代わり義務が生じないことをノンリコース（非遡及）と呼びます。とはいうものの、SPC は赤ん坊ですから、スポンサーは製造技術を供与したり、専門社員を派遣したり、必要に応じ SPC をサポートすることが求められます。スポンサーの関与やサポートが全くないというノンリコースのプロジェクトファイナンス案件は通常なく、スポンサーから何らかのサポートを得るリミテッドリコース（限定遡及）となるのが普通です。スポンサーは債務保証をしないものの、SPC のプロジェクトがスムーズに進行し、キャッシュフローの創出が想定通りとなるように、各種の支援が求められます。

　スポンサーは SPC の借入を肩代わる必要はありませんが、SPC のキャッシュフローが想定通りになり、銀行への返済が滞らないように SPC をサポートする必要があります。債務保証がないから、SPC の債務返済がどうなろうと知らない振りができるというわけではないことを憶えておいてください。逆に言えば、

スポンサーが SPC のために、ポイントを押さえたサポートを供与すれば、銀行
は債務保証を必要としないと考えることが大事です。

投資効率を向上できる

　スポンサーによる債務保証を必要としないことで、スポンサーは自らの投資
効率を向上させることができます。なぜならスポンサーが拠出する資金は SPC
向けの出資金だけで済み、SPC の借入金はスポンサーの負担にはならないから
です。SPC の借入金は銀行から借り入れる資金であり、スポンサーが資金を拠
出するものではありませんが、その銀行からの借入金にスポンサーが債務保証
をすることは、スポンサー自らが銀行から借入を行いその資金を SPC に資金拠
出するのと実質変わりません。
　スポンサーの拠出する資金（投資額）が少なく済むということは、リスクマ
ネーの絶対額が少なくなると共に、投資額に対する収益の割合すなわち投資効
率が高くなります（図表 1-1）。

リスクシェアリングによるリスク負担の軽減

　プロジェクトファイナンスでは、SPC の借入にスポンサーが債務保証する必
要がないことは、スポンサーにとって大きなメリットですが、そうそううまく
いくものでしょうか。また SPC の返済がどうなろうと知らない振りをするわけ
にはいかないと言いましたが、スポンサーはどこまでサポートすればよいので
しょうか。
　スポンサーはプロジェクトファイナンスでは債務保証の責を負いませんので、
生まれたての赤ん坊である SPC の「将来の」キャッシュフロー創出能力を銀行
に信用してもらうことが必要です。そのためには、SPC が実施するプロジェク
トが、
　①　予定通りに完成すること

② 予定通りに操業すること

③ 予定通りのキャッシュフローが得られること

が求められます。そのためには、

① 建設会社は技術力が高い会社なのか

② 操業会社は操業能力が高い会社なのか

③ 売上とコストは想定通りとなるのか

ということを銀行に説明して納得してもらわねばなりません。つまり、SPCと契約関係をもつ関連当事者がそれぞれの専門分野のプロフェッショナルでありかつ、各々の持ち場で賠償責任（リスク）を負い、銀行への債務返済が滞らないような仕組みを構築していかねばなりません。うまく構築できれば、プロジェクトのために設立されたばかりの赤ん坊であっても事業を予定通り立ち上げ、確実にキャッシュフローを生み出すことができます。そうすればスポンサーは銀行に対してプロジェクトの全ての責任を負う必要がない（＝債務保証する必要がない）ことになり、スポンサーのリスク負担の軽減につながります。

銀行もSPCの将来キャッシュフローの実現性に確信が持てれば、スポンサーの債務保証を必要とせず、キャッシュフローを債務返済原資と見なすことができます。これは銀行もプロジェクトのリスクの一部を負っていると言えます。

このようにプロジェクトファイナンスでは、スポンサー、建設会社、操業会社、銀行などの関連当事者が各々の持ち場で責任を負い、SPCを支える形が作られます。これをリスクシェアリングと呼びます。リスクを最も適切に管理できる当事者がその責任を負うこととするわけです。へその緒で母親と結ばれた赤ん坊のように、SPCは関連当事者と「契約」で結ばれて、支えられているわけです。またその契約は各関連当事者間のリスク分担の境界を明確にするために大変精緻なものとなります。図表1-2は、一般的なプロジェクトファイナンスの「関連当事者」と「契約」を示しています。

プロジェクトファイナンスはアセットファイナンスの一部であると前述しましたが、プロジェクトの関連当事者がどのように責任分担するかに重きを置く点がプロジェクトファイナンスの最大の特徴と言えましょう。

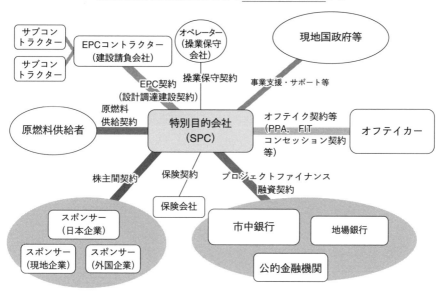

図表1-2　プロジェクトファイナンスの関連当事者

特別目的会社と関連当事者との責任関係を可視化する

スポンサーの資金拠出責任は限定的

　プロジェクトファイナンスにおいて、SPC の借入に対してスポンサーが債務保証の責任を負わない点は、前述の通りで大きなメリットといえます。極論を言えば、スポンサーの責任は出資金を拠出する義務だけと言えます。しかしながら、スポンサーはすなわち SPC のオーナーですから、SPC の借入金の返済義務はないとしてもプロジェクトの責任を完全に免れるわけにはいきません。前述の通り、SPC と関連当事者との契約を通じて、プロジェクトのリスクを細分化し関連当事者に転嫁する仕組みを構築（リスクシェアリング）し、スポンサーが最終的に負うリスクを極小化しているのです。

　したがって、関連当事者によってカバーできないリスクが残り、キャッシュフローが何らかの事象から不足することで債務返済に支障が生じることが想定

される場合、最終的な責任者であるスポンサーが資金拠出をしなければなりません。しかし、このスポンサーの最終責任をどの程度とするかはプロジェクトファイナンスの融資契約の条件交渉で決まるものであり、スポンサーの資金拠出義務がないようにするためには、銀行や関連当事者とリスクシェアリングのハードな交渉をしなければならない点を覚悟しておいてください。

倒産隔離

プロジェクトファイナンスはプロジェクトから生みだされるキャッシュフローを返済原資とするため、スポンサーがSPCを設立し、事業をスポンサーから切り出し、キャッシュフローを分別し特定する必要があります。これによりプロジェクトという資産はSPCの保有となりスポンサーの直接保有から切り離されますので、スポンサーが倒産しても、プロジェクトの資産に悪影響を及ぼすことはありません。これを倒産隔離と呼びます。

プロジェクトより先にスポンサーが倒産することがあるのか、と思われるかもしれません。プロジェクトファイナンスでは複数社が集まってスポンサーとなりますが、開発途上国現地資本と組むケースもよくあります。その一社が不幸にも倒産しその結果プロジェクトに直接的な影響が出ると他のスポンサーは困りますが、倒産隔離の仕組みがあれば安心と言えます。

また一部のスポンサーが途中で交代することもよくありますが、それも倒産隔離と同じ考え方となり、SPCの保有する資産には直接影響がないことから、比較的自由に交代できます（実際には交代後のスポンサーは信用力や同類のプロジェクトの経験が必要と条件付ける場合が多いです）。

倒産隔離とは直接関係はありませんが、プロジェクトファイナンスでは、SPCの倒産をなるべく回避する仕組みが構築してあります。コーポレートファイナンスでは銀行への返済が困難となった場合、銀行は期限の利益を喪失させ、担保実行して債権回収を急ぎますが、プロジェクトファイナンスではそうではありません。なぜならSPCは単体の事業であり、余剰資産や含み資産に乏しい

ので、担保処分しても銀行が債権を全額回収できる可能性が低いからです。ですので、プロジェクトファイナンスでは、銀行は、事業の継続を通して生み出されるキャッシュフローからの債権回収をはかるためにスポンサーからSPCの株式を取り上げ経営権を得て、事業を継続させながら事業再構築（リストラクチャリング）し、当該プロジェクトを第三者（新しいスポンサー）に譲渡します。このように銀行がSPCの経営権をスポンサーから奪い、事業継続のために事業に介入する権利をステップインライト（介入権）と言います。SECTION 1でスポンサーの保有するSPCの株式も銀行の担保に取られると言いましたが、このように銀行がステップインできるようにするためです。またSPCの全ての資産（土地、建物、工場、収入口座、契約等）も銀行に担保に取られますが、これは債権回収のための担保処分を目的にしているのではなく、経営不振に陥った際の第三者による担保設定や資産差し押さえを防止し、かつ将来キャッシュフローを生み出すプロジェクト資産全体を保全するためです。スポンサーとしては事業を失うことにはなりますが、銀行はプロジェクトの資産を保全することで事業を継続させ、ステップインによる事業譲渡がスムーズに行われるようにするのです。

スポンサー間の信用力の差は問わない

プロジェクトファイナンスではスポンサーが債務保証を求められることはありませんので、スポンサーに信用力があるかどうかは一義的には関係ありません。したがって、数社が集まってスポンサーとなる場合、その一部に信用力の劣るスポンサーがいても、出資金の拠出義務さえしっかり確保してあれば、プロジェクトファイナンスの貸出条件が悪くなることは基本的になく、低い信用力のスポンサーにも、高い信用力のスポンサーにもメリットがあると言えます。

コーポレートファイナンスより有利な借入条件となることも

　プロジェクトファイナンスでは、スポンサー自身がコーポレートファイナンスで借入をする場合よりも借入人にとって有利な借入条件を得ることができる場合があります。スポンサーの債務保証がないのにどうして有利な借入条件が引き出せるかというと、プロジェクトファイナンスでは、スポンサーの信用力とは切り離して、SPCのプロジェクトにフォーカスを当て、プロジェクトのキャッシュフローを精緻に分析することでファイナンス条件の最適化を図ります。その結果、関連当事者間でリスク分担することにより、スポンサー自身の信用力をベースとしたコーポレートファイナンスでは実現できないような、

① 　多額の借入金額を調達

② 　長期の融資期間を設定

③ 　出資額に対して借入額の割合を高めること（レバレッジをかける、といいます）

④ 　カントリーリスクの高い国での借入

⑤ 　スポンサーが経験したことのない新分野での事業の借入

が可能となる場合があります。

　ただ、ここで誤解してはいけないのは、プロジェクトファイナンスでは、スポンサーの信用力は切り離されているからといって、スポンサーの信用力に関係なく魔法のように有利な条件での資金調達ができるというわけではないことです。

　プロジェクトファイナンスではスポンサーがリミテッドリコース（限定遡及）の関係にあると述べました。スポンサーはSPCの借入に債務保証はしないものの、プロジェクトの最終的な責任者であることには変わりありません。銀行はスポンサーがその最終的な責任を負えるかどうかを大変重視します。ということはスポンサーの信用力が最終的な拠り所となるのです。逆説的ですがリミテッドリコースだからこそ、スポンサーの信用力やSPCへの支援能力が大事

になるわけです。

SPC の倒産は少ない

　プロジェクトファイナンスのリスクは一般的に大きいとされています。しかし、意外に思われるかも知れませんが、プロジェクトファイナンスにおけるSPC の倒産確率は低いと言われています。これは大手商業銀行や公的金融機関によってテイラーメード（手作り）でプロジェクトファイナンスを組成するからです。案件ごとにしっかり審査をして、セキュリティーパッケージを作りますので、融資後に想定外な事象には起こりにくくなっています。

　また万一プロジェクトの債務返済に支障をきたすことになった場合でも、銀行が貸出金の回収を図るためにすぐに担保権を実行したり、ステップインライトを行使したりといったことは普通なく、借手と貸手がお互いに痛み分け（新たなリスクシェアリング）をして、融資条件の変更等により危機を乗り切るケースが多いのです。

　この観点からすると、銀行等と協議してプロジェクトファイナンスを組成できれば、プロジェクトの信用力に箔がつくとも言えましょう。

オフバランスの効果は認められない傾向

　プロジェクトファイナンスのメリットに関して、よく質問されることの一つに、「プロジェクトファイナンスによる借入は、スポンサーにおいてオフバランスになるのでしょうか」というものがあります。ここでいうオフバランスとは SPC の借入額をスポンサーのバランスシート上の負債や偶発債務に計上しないという意味です。

　SECTION 1で述べた通り、プロジェクトファイナンスではスポンサーの債務保証を必要としないことから、オフバランスになると思われますが、現在では認められない傾向にあります（昔はオフバランスがプロジェクトファイナンス

のメリットとされていました）。これには昨今の会計原則の厳格化が背景にあります。プロジェクトファイナンスで調達した借入は通常多額であり、もしSPC が倒産した場合、リミテッドリコースとはいえスポンサーに影響を与えることが十分予見されるという考え方によるものです。信用格付を発表している格付機関も SPC のプロジェクトファイナンスによる借入のオフバランスは認めておらず、スポンサーの借入に合算して信用格付を判定するようです。結論としては、オフバランスのメリットはありませんが、スポンサーの負うリスクが最小化できるので、リスクオフの効果は認められるといえるでしょう。

プロジェクトファイナンスのデメリット

　プロジェクトファイナンスのメリットを見れば、スポンサーにとって夢のような資金調達に思えますが、その裏返しにデメリットもあります。結構ハードルは高いことがお分かりになると思います。

費用がかさむ

　プロジェクトファイナンスで資金調達するにあたり、借入費用がかさむことは借手として一番頭の痛い問題です。どういった種類の費用が必要かというと、

① 　借入金利

② 　銀行手数料

③ 　アドバイザー費用・弁護士費用

です。①の借入金利はコーポレートファイナンスの金利に比べるとプロジェクトファイナンスの金利はかなり割高です。スポンサーの債務保証がなく銀行がプロジェクトのリスクを取りますので、その対価として、いたしかたない面があります。借入金利の水準はプロジェクトのリスクや、融資条件によってさまざまですが、銀行の資金調達レートに1〜3％程度以上のスプレッド（上乗せ金利）が加えられたものとなります。借入金利のほかに銀行手数料がかかります。一般的なものでは、融資契約調印時または貸出実行時に支払うフロントエンドフィー（アップフロントフィーとも呼ぶ）、幹事銀行に支払うアレンジャーフィー、各役割を負う銀行に支払うエージェントフィーなどです。フロントエンドフィーは借入総額の1％程度が相場です。

　銀行への支払いのほかに、借手が雇用する弁護士や各アドバイザーへのフィー、さらに貸手の銀行が別途雇用する弁護士や各アドバイザーへのフィーの費用がかかります。特に弁護士費用が高額となりがちで、数千万円かかるの

が普通です。そのほかにも、翻訳費用（英語以外の言語が必要となるプロジェクトの場合）や、銀行との交渉会議（バンクミーティング）やプロジェクトサイトの実査のための旅費宿泊費等も諸費用（OPE：Out of Pocket Expenses）として負担しなければなりません。海外で開催すればあっと言う間に数千万円となります。これらの費用は借入総額の多寡に関わらず同じようにかかる点に留意が必要です。

　プロジェクトファイナンスのリスクは大きいので借入金利が高いのは理解できるとしても、銀行手数料や弁護士・アドバイザーのフィー、OPE の合計があっという間に億円単位となるため、プロジェクトファイナンスでの借入総額がざっくり言って 100 億円以上でないと見合わないと言われています。

時間を必要とする

　プロジェクトファイナンスの組成には時間がかかることを想定しておかねばなりません。通常スポンサーが銀行に借入申し込みしてから融資契約の調印に至るまでに、大変早いケースで 3 か月、普通は半年かかります。また融資契約調印から初回貸出実行までに貸出先行要件の充足を行うために数か月かかることも考慮に置いておくべきです。なぜなら初回貸出実行が行われるまで、建設会社に工事開始を指示することはできないからです。

　なぜ時間がかかるかというと、プロジェクトファイナンスでは、各種リスクの分析（デューデリジェンス）、セキュリティーパッケージの構築（ストラクチャリング）、契約書作成（ドキュメンテーション）というプロセスがテイラーメードで実施される必要があるためです。さらに借手側も貸手側も関連当事者が多いため、交渉のための会議（バンクミーティング）の開催頻度が限られて時間がかかるということもあります。また現地政府当局や環境 NGO（Non-governmental Organization）との折衝などが必要となる場合は、国によって異なりますがスケジュールに大きな制約を受けることがあります。

　したがって、SPC が締結している建設業者との EPC（Engineering Procurement

and Construction 設計調達建設工事請負契約）、PPA（Power Purchase Agreement 買電契約）、オフテイク契約（それぞれの契約の内容については第 2 章を参照）など契約類に有効期限を設定する場合は、プロジェクトファイナンスによる契約書調印（および貸出実行）までに時間がかかることを予め余裕をもって見込んでおく必要があると言えます。

事業経営に制約を受ける

　プロジェクトファイナンスでは、オーナーであるスポンサーがプロジェクトから派生する全てのリスクを負担するわけではないので、リスクを一部負担する貸手の銀行がプロジェクトの経営に制約を掛けてきます。貸手からの具体的な制約は以下の通りです。

① 株式譲渡（スポンサーの撤退、交代）
② 株式上場
③ 株式配当（想定以上の配当）
④ 資産の取得や売却
⑤ 事業の拡張
⑥ 追加借入

　なぜ銀行がプロジェクトの経営に口を出してくるかと言いますと、プロジェクトファイナンスの返済原資は先述の通りプロジェクトのキャッシュフローです。融資調印時に想定したキャッシュフローが実際に創出されれば、銀行は文句を言いません。しかしキャッシュフローが想定外となる事態を銀行は極端に嫌います。すなわち上記①〜⑥は想定キャッシュフローを変動させることにつながりかねないため、①〜⑥の実施にあたっては銀行の承認を必要とします。銀行の承認が得ることができさえすれば、それらの制約もクリアできるとは思わないでください。銀行承認のための説得は簡単ではありません。キャッシュフローが変動しないこともしくは返済に影響を与えないことを説明し、全ての銀行の了解を得なければならないからです。

この経営への制約でよくネックとなるのは、上記⑤と⑥に関連するプロジェクトの増設のケースです。プロジェクトファイナンスで調達した借入が完済する前に、プロジェクトを増設しそのための追加資金調達もプロジェクトファイナンスとする場合、既設プロジェクトからのキャッシュフローと増設プロジェクトからのキャッシュフローをしっかり区分せねばなりません。また既設と増設のプロジェクトの共用施設がある場合、どちらのプロジェクトファイナンスの担保対象とするかが問題となります。

　いずれにせよ、プロジェクトファイナンスでの銀行の経営への介入はプロジェクトファイナンスとしての宿命と思ってください。銀行は保守的ですから、貸出時に想定したキャッシュフロー通りにならないことを嫌います。そのためにプロジェクトの経営に制約を掛けてくるのだと割り切るしかないと思います。箸の上げ下ろしまでとは言いませんが、事業運営上の細かい変更（上記④資産の取得や売却など）であっても銀行の承認が必要となるわけですから面倒なことこの上ないですが、銀行に無断で変更を行った場合は、期限の利益の喪失事由につながりかねませんので、気を付けていただきたいと思います。

　言うまでもありませんが、期限の利益を喪失させられた場合は、銀行はステップインライトを行使して、プロジェクトのリストラと第三者への譲渡を進めますので、プロジェクトは完全に銀行の管理下におかれてしまいます。

　以上がプロジェクトファイナンスのデメリットとなりますが、十分メリットが上回りますので、是非チャレンジしていただきたいと思います。

銀行にとってのプロジェクトファイナンスのメリット・デメリット

　今までSPCやスポンサーから見たプロジェクトファイナンスのメリット・デメリットを述べてきましたが、銀行から見たメリット・デメリットにも触れておこうと思います。プロジェクトファイナンスはリスクが大きく、手間がかかるものの、コーポレートファイナンスの融資よりも融資金利が高いことや融資関連手数料が得られるため、一般には高収益の案件と見られています。また政

府系金融機関が関与するプロジェクトファイナンスや大規模かつ国際的なプロジェクトファイナンスに参加することは一流銀行の証とされます。一方デメリットとして、プロジェクトファイナンスは通常超長期の融資となることから長期の融資を嫌う銀行があるほか、バーゼル規制上プロジェクトファイナンス貸出に求められる自己資本が多く必要とされるため、プロジェクトファイナンスに参加する銀行は邦銀ではメガ銀行等、海外でも大手銀行に限られています。

プロジェクトファイナンスの適用可能な案件

　ここまでプロジェクトファイナンスとはどういったものか、そのメリット、デメリットを説明してきました。ここまで読んでみて、こんなにメリットのある借入であれば、わが社の次回の設備投資借入を是非プロジェクトファイナンスでやってみたいと思われたのではないでしょうか。

　この SECTION ではプロジェクトファイナンスが適用できる案件の条件について説明します。先述した通り、プロジェクトファイナンスはごく一般的に利用されている借入とは言えない借入形態です。そのためプロジェクトファイナンスを利用するために、案件にどういった条件が備わっていれば適用可能なのかを解説し、実績のあるプロジェクトを紹介してイメージを持ってもらえればと思います。

キャッシュフローが安定している案件が絶対条件

　プロジェクトファイナンスを活用するために絶対的に必要な条件は、プロジェクトが生み出す「キャッシュフローの継続性、安定性が長期的に予見できる」ことです。このほかにも必要な条件はありますが、キャッシュフローの安定性が最も重要です。

　先述した通り、プロジェクトファイナンスは債務返済のための原資が当該プロジェクトから生み出されるキャッシュフローに依拠するものであり、スポンサーの保証や担保といった当該プロジェクト以外の信用力や資産を必要としません。つまり、SPC のキャッシュフローが唯一の返済原資であるため、そのキャッシュフローが安定的に継続することを想定できることが非常に大事なわけです。

キャッシュフローを安定させるためには

プロジェクトのキャッシュフローとは、資金の入金・出金による流れのことです。このキャッシュフローを安定させるためには、①入金額・出金額がともに一定である、もしくは②入金額と出金額のバランスが取れている（入金額と出金額の差額が一定である）かのどちらかが必要となります。

まず、①の入金額、出金額が一定となるようなプロジェクトとはどのようなものでしょうか。キャッシュフローの入金のうち主たるものは売上高です。売上高が一定という代表例はIPPのPPAで定められたアベイラビリティペイメント（Availability Payment：容量収入の一種）です。IPPの発電量に関係なく、発電できる状態にあれば一定の売上高が得られる仕組みです。発電所は電力需要に応じて発電しなければならないため、事前に発電量を想定することが困難です。そのため、IPPの投資を一定期間で回収可能とする容量収入がPPAの中で認められているのです。

そのほか、パイプライン、LNG液化施設、LNG船、なども条件をクリアすれば長期間売上高が一定となる仕組みがあります。これらのプロジェクトは代替性がない（そのプロジェクトが停止してしまうと、代わりになるプロジェクトがない）ため、プロジェクトの稼働状態を保つことで一定の売上高を得られる仕組みになっているのです。また、リース事業におけるリース料やPFI事業のサービス購入型でのサービス対価支払いも同じ仕組みです。

一方、出金額が一定のプロジェクトは、費用が固定費のみであるプロジェクトが該当します。IPPにおける出金額は固定費（人件費、維持補修費）のみとなり基本的に一定です。変動費である燃料費は発電量に応じて変わりますが、通常は全て買電先がその費用を負担する仕組みとなっているからです。このように、入金額と出金額が一定であればキャッシュフローは安定しますので、プロジェクトファイナンスが適用できます。

次に、②の入金額と出金額のバランスが取れている（入金額と出金額の差額

が一定である）とはどんなプロジェクトでしょうか。分かり易いものとして、石油精製のプラントが考えられます。石油精製プラントは、原油を原料としてガソリンや灯油などの石油製品を生産します。原油の価格は WTI などにリンクした市場価格であり日々変動しますが、石油製品の価格も原油価格に連動しています。すなわち原油価格が上昇すれば、石油製品価格も値上がりします。もちろん夏場のガソリン需要や、冬場の灯油需要など季節要因で石油製品需要は変動しそれに従って石油製品価格も影響を受けますが、基本的には原料である原油価格に追随します。したがって、石油製品価格から原油価格を差し引いた粗利（グロスマージン）はおおよそ一定となります。

変動要素がある場合の判断

しかしながら、上記①入金額・出金額がともに一定、②入金額と出金額の差額が一定といった都合のよい案件はそれほど多くなく、むしろ特殊な例と言えます。たいていのプロジェクトは入金額も出金額も変動要素を含んでいるケースがほとんどです。変動要素があるということは、キャッシュフローが変動することになり、プロジェクトファイナンスの成立が困難となります。しかしその変動要素が銀行にとって予測可能で受け入れられるものであれば、その「キャッシュフローは継続性、安定性が長期的に予見できる」と見なされます。変動要素が銀行にとって予測可能とはどういうことをいうのでしょうか。

キャッシュフローの入金となる売上高は、製造業の場合、売上高＝価格（Price）×数量（Volume）という関係があります。一単位当たりの価格とその売り上げた数量の積が売上高になることはお分かりと思いますが、売上高が安定するためには、価格も数量も安定することが必要になります。

一例として、風力発電所と油田を考えてみます。風力発電所の売上高では、価格である電力買取価格（FIT：Feed-in Tariff）は固定ですが、数量である風況は天候次第で変動します。一方で、原油を生産する油田の売上高は、販売価格である原油価格は変動しますが、数量である原油生産量は一定にできます。つ

まり、風力発電所の電力買取価格は予め決められていて固定であるものの、風況は自然任せであり見込みづらいものです。油田の原油価格は日々市場で変動しますが、原油の生産量はSPC自らが制御できます。SPCが自らコントロールできるものは安定させることができますが、コントロールできないものは変動リスクに晒されます。

一方で、キャッシュフローの出金額のうち主たるものは費用です。費用を分解すると、変動費と固定費に分けられます。変動費は売上数量によって変化しますが、固定費はその名の通り一定です。

前例で費用を考えてみますと、風力発電は燃料費（変動費）がかかりませんので、維持修理費用の固定費のみで費用は安定しています。一方、油田の費用は変動費と固定費の合計ですが、原油の生産量はSPCが決められますので、変動費はコントロールできると言えます。ですので、2つの前例はどちらも費用は安定していると考えます。

入金額から出金額を引いた差額がキャッシュフローですので、風力発電所では風況以外の要素は安定的ですが、風況次第でキャッシュフローが大きく変動すると言えます。油田では油価以外は安定的ですので、油価次第でキャッシュフローが変動すると考えます。

キャッシュフローの継続性、安定性が長期的に予見できることが、プロジェクトファイナンスに必要な条件でした。プロジェクトを計画し、銀行から融資を受ける前の段階で、融資の償還期限までの長期間の将来キャッシュフローがSPCも銀行も確信を持てるようにする必要があるのです。キャッシュフローに変動要素があり、その変動要素となる数値が過去の実績（トラックレコード）を持つ数値であれば、銀行はその変動要素を一定程度信用してくれるのです。

それを改めて前例で考えてみますと、風力発電所の変動要素である風況は予想可能でしょうか。また油田の原油価格は予見可能でしょうか。風況は過去の実績を調べることができますので、確率的に将来の風況を予想することが可能です。また原油価格も過去何十年もの価格データがあるので、それをもとに一定程度の幅での予測が可能です。そのため銀行は風況や原油価格の変動リスク

を一定程度の範囲で確実なキャッシュフローと見なしてくれるのです。ですので、キャッシュフローに変動要素がある場合は、変動要素の数値の過去実績を銀行に示し、信用してもらうことが大事です。

　プロジェクトファイナンスは、もともと1930年代のアメリカの油田開発から始まったと言われています。信用力のない石油開発会社が原油の販売代金を返済原資としてプロジェクトファイナンスで資金調達したのです。原油埋蔵量（Volume）は確認されていたので、銀行は原油価格（Price）の変動リスクを取って融資したのです。原油を産出さえすれば、ドルに交換できるわけですから、地下にドルが埋まっているという考え方だったのでしょう。

　ここまでは、入金額は価格×数量、出金額はコスト構造、という観点からキャッシュフローに変動要素を見てきました。そのほかにキャッシュフローの変動を与える要素として、為替レートがあります。原則論として、入金額の価格の「建値通貨」と出金額（含む借入金返済）の「建値通貨」が同じ通貨でなければなりません。例えば入金額が開発途上国の現地通貨建であり出金額がドル建であった場合、現地通貨がドルに対して減価することにより、キャッシュフローが減少することになります。

プロジェクトファイナンスを適用するには

　まとめますと、プロジェクトファイナンスが適用できる案件の条件は、プロジェクトが生み出す「キャッシュフローの継続性、安定性が長期的に予見できる」ことです。キャッシュフローを安定させるためには、①入金額・出金額がともに一定、②入金額と出金額の差額が一定になるようにすることが大事です。もし変動要素が存在する場合は変動要素となる数値に過去の実績（トラックレコード）があれば、変動要素の予測が可能となり、キャッシュフローを予見できるため、プロジェクトファイナンスの成立の可能性が高まります。例示したプロジェクトごとにプロジェクトファイナンスの適用可能性をまとめたのが、図表1-3です。

図表 1-3　キャッシュフローの安定性

プロジェクトによりキャッシュフローの変動量が異なる

プロジェクト	入金額		出金額	キャッシュフローの変動要因	キャッシュフローの変動量	プロジェクトファイナンスの適用可能性
	Price	Volume				
IPP・パイプライン、LNG液化施設、LNG船、リース、PFI	固定収入		固定費	ほぼなし	小	◎
石油精製	石油製品価格	石油製品生産量	変動費（原油価格）	グロスマージン	中	○
風力発電所	FIT価格	風況	固定費	風況（実績あり）	小	◎
油田	原油価格	原油生産量	固定費	原油価格（実績あり）	中	○
有料道路	通行料金	自動車通行量	固定費	自動車通行量（実績なし）	大	△

(注)
当初より固定に設定されている価格があるもの…固定収入、FIT価格、通行料金
事業者がコントロール可能なもの…石油製品生産量、原油生産量、各出金額の固定費
市況により変動するもの…石油製品価格、原油価格、変動費（原油価格）
自然条件で変動するもの…風況
予測が難しいもの…自動車通行量

　有料道路プロジェクトは、前例に倣って言えば風力発電所と同じく、収入面では一台当たりの価格（通行料金）は一定ですが、数量（自動車通行量）が変動要素であり、費用はほぼ固定費なので一定というプロジェクトです。変動要素である自動車通行量は有料道路開業前では、過去の実績がないため、いくら精緻に自動車通行量の見込みを立てても銀行に信用してもらえないことが多いです。しかし開業後数年経つと有料道路が認知され、一定の自動車通行量になります。これをランプアップ（駆け上がり）と呼び、通常駆け上がった後の通行量は安定的に推移すると考えられています。ところが、ランプアップによってどれほどの自動車通行量まで駆け上がるかが、なかなか開業前には想定できないのです。我が国の高速道路の新区間の交通量や、鉄道新線の乗客見込みが

予想通りにならないことはよく知られているところです。ですので、通行量や
乗客数（ライダーシップ）のリスクをそのまま取ったプロジェクトファイナン
スはなかなか成立しないと言われています。

| COLUMN | 銀行でのプロジェクトファイナンスの相談 |

　プロジェクトファイナンスはメガバンク等では専門部署が担当しています。ですのでプロジェクトファイナンスの相談をする場合は、普段の融資での相談相手である支店や法人営業部署からプロジェクトファイナンス専門部署の行員を紹介されることになります。プロジェクトファイナンスを担当する営業担当者はプロジェクトファイナンス一筋の人もいますが、必ずしも皆がプロジェクトファイナンスばかりをやってきた人とは限りません。国内融資の営業担当から異動した人もいますし、国内で輸出金融などの制度金融や海外向け融資の担当をしていたり、海外の支店等に駐在し現地での営業経験を持つ人が多いようです。プロジェクトファイナンス専門部署と聞くだけで、敷居が高いと感じるかもしれません。銀行業務の中でのプロジェクトファイナンスは専門性を持ちつつも、柔軟性や発展性が必要となる業務であり、担当者は前広な相談をウェルカムと考えていますので、構えずに相談されればよいかと思います。

　プロジェクトファイナンスと言っても、通常の融資を複雑な形態にしたものに過ぎませんので、担保や保証といった融資の概念は基本的に変わりません。しかし最初に面食らうのがプロジェクトファイナンスの専門用語だと思います。暫くは意味が全く分からず、銀行の担当者との会話で冷や汗をかくことになりますが、決してカッコつけて難しく言っている訳ではなく、適切な日本語訳がないためであり、慣れれば実に便利な用語であることが多いです。プロジェクトファイナンスでは共通用語なので、アレルギーを感じることなく、慣れるようにしてください。本書でもこれから多くの専門用語が出てきます。文中では専門用語を解説していますが、巻末に用語集を設けていますので参考にしてください。

第 2 章

プロジェクトファイナンスのための
プロジェクト組成

第 1 章ではプロジェクトファイナンスがどういった特徴や利点を持ったファイナンスであるかを説明しました。この第 2 章では、皆さんの会社がプロジェクトファイナンスでの借入を行いたい場合に、どのようにプロジェクトを組成していくべきかを説明します。

プロジェクトは、共同スポンサーとなるパートナーや、施工を受け持つ建設会社、原料を購入する仕入先、製品の販売先などのプロジェクトの関連当事者を決めていくことで形成（組成）されます。主要な関連当事者が決まり、スポンサーによる事業性評価（F／S：Feasibility Study）を実施し、プロジェクトへの投資を決定します。その後、銀行へプロジェクト向け融資の相談に行くのが一般的です。なぜなら銀行に融資の相談に乗ってもらうためには、プロジェクトの概要を説明しプロジェクトの信用力を理解してもらわねばならないからです。銀行はプロジェクトの審査を通じて、プロジェクトのリスク分析を行い、スポンサーの債務保証や担保提供等の融資条件を決めていきます。建設から始めるプロジェクト向けの融資は、スポンサーの債務保証や担保提供が基本的に必要となりますが、保証担保が前提であったとしても、まずはプロジェクトの事業性を厳密に審査されることになるのです。したがってプロジェクトが星雲状態の段階で銀行に相談に行っても、相手にされません。「プロジェクトの関連当事者や損益計画、キャッシュフローが固まったところで、改めていらしてください」と、あしらわれてしまうことでしょう。つまりプロジェクトの概要が固まってから銀行へ相談に行くのが原則です。

一方、銀行からの資金調達をプロジェクトファイナンスで計画する場合、プロジェクトを組成する段階で銀行に相談を始めるケースが多いのです。第 1 章で説明した通り、プロジェクトファイナンスにはスポンサーの債務保証が付かないため、銀行はプロジェクトの建設や操業が想定通りとなるか、プロジェクトのキャッシュフローが計画通りに生まれるかどうかについて強い関心を持ちます。つまりプロジェクトの組成の段階から銀行がポイントと考える箇所を必ず押さえてプロジェクトを組成せねばなりません。プロジェクトが組成された段階で、そのポイントが押さえられていませんと、銀行はプロジェクトファイ

ナンスの検討をしてくれません。プロジェクトファイナンスによる借入ができ
ないと、スポンサーによる債務保証が必要となってしまいます。一方で、関連
当事者や関連当事者との各種契約が固まってしまうと、銀行の指摘に従って、
関連当事者や各種契約内容を変更することは大変困難になります。したがって、
そのポイントを十分意識してプロジェクトを組成し、適宜銀行と相談していか
ねばならないわけです。SECTION 2以降そのポイントについて詳しく説明して
いきます。

　その前に、プロジェクトファイナンスで銀行がこだわるポイントをなぜ借手
が事前に承知しておかねばならないかについて説明します。

プロジェクトのリスクとは

　プロジェクトファイナンスの解説書では、よく「リスク分析」の説明が出てきます。プロジェクトに、どのようなリスクが潜在しているかを詳細に分析するものです。図表 2-1 はプロジェクトリスクの例です。大きく 3 つに分けられ、現地国政府が原因となるポリティカルリスク、自然災害等が原因となるフォースマジュール（不可抗力）リスク、SPC の運営ミスが原因となるコマーシャルリスクの 3 つのカテゴリーがあります。それぞれのリスクの意味はご覧になれば大凡想像がつくと思います。それらのリスクがプロジェクトに不幸にも発生した場合に起こるキャッシュフローへの影響を分析するのが「リスク分析」です。

　またそのリスクが発現したときに、どのようにそのリスクに対処するかを「リスクコントロール」と呼んでいます。例えば、工場で機械の故障が起こった際は、Property All Risks Insurance（財物損害オール・リスク）の保険金で、物

図表 2-1　プロジェクトリスクの例

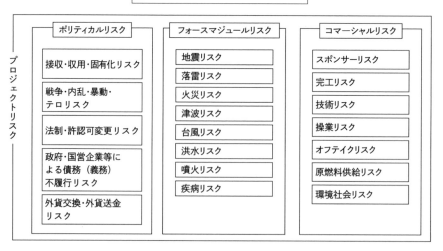

的損害が填補されることにより修理を行います。また操業停止中の収入は、Business Interruption Insurance（事業中断保険）によって、操業が中断することにより生じる逸失利益を填補します。このように、リスクが発生しても、プロジェクトのキャッシュフローがなるべく変化しないようにすることを「リスクコントロール」と呼びます。

「リスク分析」や「リスクコントロール」は、プロジェクトファイナンスの教科書としては正しい解説手法であるのですが、プロジェクトファイナンスで資金調達を行うスポンサーの立場からは分かり難いと考えます。なぜなら、

① 　銀行は、何をプロジェクトのリスクと見なすのか、

② 　銀行は、そのリスクをどのような方策で減少させればよいと考えるのか、

③ 　銀行は、そのリスクをどこまで減少させれば、リスクが許容可能と考えるのか、

という点を、借手はなかなか推測することが難しいからです。

実は「リスク分析」や「リスクコントロール」とは、貸手から見た分析手法です。プロジェクトに網を掛けて、リスクの拾い漏れのないようするのが「リスク分析」であり、そのリスクの発現する頻度・確率を考察した上で、リスクが発現したときの対処策を定めて、リスクの穴を塞ぐことが「リスクコントロール」です。

プロジェクトを開発する借手の立場からすると、プロジェクトの中に種々のリスクが存在することは重々承知した上で、プロジェクトを組成していきます。したがって、銀行からリスクが潜在していると指摘されても、借手はまずそのリスクの発生確率が低いこと、さらにそのリスクが万一発現しても、キャッシュフローに影響が及ぶことが無いことを説明しようとすることでしょう。それでも銀行は、リスクの穴が完全に塞がれていないと考える限り、借手にリスクへの対処策を求めてくることになります。

このように、銀行と借手との間でリスクに関する見解が異なるため、リスク分析とリスクコントロールは両者間で粘り強く協議を行う必要が出てきます。

借手は銀行のリスク感覚が想像できないため、どのようなリスクコントロー

ルを借手に求めてくるのかがなかなか分かりません。しかし、借手が予め銀行のリスク感覚とリスクコントロールの手法を熟知していれば、リスクの有無や、その発生確率についての議論や、リスクコントロールについての延々たる協議をすることなく、プロジェクトファイナンスを作り上げることができるでしょう。

　次の SECTION 以降、貸手である銀行がプロジェクトファイナンスでのポイントと認識する視点を解説していきます。プロジェクトの組成段階において借手が事前にそのポイントを十分配慮したプロジェクトに仕立て上げて、適宜銀行にプロジェクトファイナンスの相談に行けば、銀行の対応もスムーズになると思います。その意味からも、第2章は本書でもっとも強調したい内容となります。

　なお、組成済のプロジェクトに後から参入する場合、当該プロジェクトの調査（デューデリジェンス）を行う必要がありますが、その調査は、次の SECTION 以降で指摘するポイントに沿って行ってください。

プロジェクトの関連当事者と契約

　第1章で説明した通り、プロジェクトの事業主体であるSPCは、そのプロジェクトのために新たに設立された企業体であり、資金も資産もなく信用力のない存在です。そのSPCとスポンサー、銀行、建設会社、操業会社、製品引き取り者などの関連当事者がSPCとの契約によってSPCを支えることになります。したがって、その関連当事者や契約がSPCの信用力を保ち、SPCが創出するキャッシュフローの確実性と安定性を高めることができるかどうかがポイントとなります。SPCが銀行からプロジェクトファイナンスで資金調達する場合は、そのキャッシュフローの確実性と安定性を銀行に証明しなければなりません。プロジェクトファイナンスを前提としたプロジェクトを組成する場合の大切なポイントは、関連当事者が信用力のある存在であることと、SPCと関連当事者が締結する契約は両者の責任関係を明確にし、プロジェクトのキャッシュフローが想定通り生み出されることを確保する内容でなければなりません。

　再び、図表2-2にSPCと関連当事者との主要当事者関係図を示します。SPCを中心に関連当事者が周囲に並び、SPCと関連当事者が契約で結ばれています。

　SPCと関連当事者との契約によってキャッシュフローが創出され、銀行への返済が確保されるわけです。次のSECTION以降では、以下の関連当事者と契約についてそれぞれポイントとなる箇所を説明していきます。

関連当事者	契　　約
Ⓐ スポンサー（出資者）	ⓐ 株主間契約
Ⓑ EPC コントラクター（建設請負会社）	ⓑ EPC 契約（設計調達建設請負契約）
Ⓒ オペレーター（操業保守会社）	ⓒ 操業保守契約
Ⓓ オフテイカー（オフテイク契約の引取者）	ⓓ オフテイク契約等（PPA、FIT、コンセッション契約等）
Ⓔ 原燃料供給者	ⓔ 原燃料供給契約
Ⓕ 現地国政府等	ⓕ 事業支援・サポート等
Ⓖ 保険会社	ⓖ 保険契約

図表 2-2　安定したキャッシュフローを確保する関連当事者とその契約

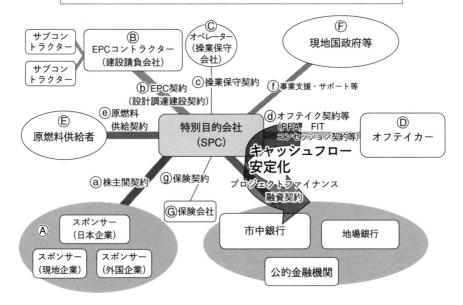

スポンサー（出資者）

スポンサーの出資意義

　プロジェクトを組成していくにあたり、プロジェクトのスポンサー（出資者）を決めていかねばなりません。もちろん単独出資でプロジェクトを立ち上げることもできますが、リスクの軽減のために、他社とスポンサーを組むことを考えるのが基本と思います。

　皆さんの会社が新たなプロジェクトを立ち上げるにあたっての出資の意義（目的）があると思います。例えば、自身の中核（コア）事業を拡大したいとか、自社商品の需要の開拓のために海外等の新市場に打って出たい、得意な技術力を生かして海外の企業に技術供与したい、自社では手がけたことのない新規分野へ進出したい、リスクを取って高い利回りの資産運用をしたい、といったもので自社の事情によって様々でありましょう。

　その意義（目的）を達成するためには、誰とスポンサーを組めばよいかということが大事なポイントになります。例えば、同業他社、異業種企業、商社、ファンドのような金融投資家、海外の現地の地場企業などが考えられます。

　スポンサー間の関係は「パートナー（仲間）」と呼ばれ、その言葉の響きからすると、同じ意義をもった事業者が仲良く手を組むように聞こえますが、実はそうではありません。むしろ「呉越同舟」とか「同じ船に乗る」という表現に近いものです。「呉越同舟」や「同じ船に乗る」とは、日頃仲の悪い者同士でも同じ災難や利害が一致すれば協力したり助け合ったりするという意味ですが、出資パートナーはそのような仲間です。なぜならスポンサーは全員が同じ意義をもってプロジェクトに参画するのではないからです。したがってスポンサー間での意見（利害）対立は当たり前で、むしろ意義が違うスポンサー同士が組

37

むことに意味があるという点を認識する必要があります。

　出資の意義が違うにも関わらず、同一のプロジェクトに参画しようとすることは、一体どういうことでしょうか。よく考えてみると、上述した通り、主力事業を強化したい会社と、自社製品の市場を新規開拓したい会社、独自技術を供与したい会社、自らが取り組んだことのない新規分野へ進出したい会社と、資金運用を目的とする会社が、組み合わさって同じプロジェクト共同体に参画することは左程不思議なことではないと、すぐお分かりになると思います。

　むしろ参画するスポンサーの出資意義がそれぞれ異なる方がよいのです。出資の意義は裏返せばそれぞれのスポンサーの役割を表しています。コア事業や自社技術を展開したい会社はプロジェクトのリスクを経験上一番よく知っています。新規分野への進出を希望する現地地場企業は現地の事情に熟知し市場開拓に貢献できますし、新しい技術を手に入れることができます。資金運用が目的の会社は出資資金の量的補完をします。このように出資意義が異なることで役割分担がなされます。役割を分担するということは、リスクを分散させることです。スポンサーの一社が得意な分野の役割を担うことで、他社はリスクを軽減できます。

出資割合、出資方法、議決権

　次に出資割合や出資方法をどうするべきかという問題があります。まず出資割合の観点とは、株主総会での議決権に影響する出資割合をどう確保するかというものです。あなたの会社がプロジェクトの単独議決権を得たいのか、過半数は持たないが拒否権は持っておきたいのか、少数株主でも構わないのか、ということを決断せねばなりません。次に出資方法の観点とは、議決権のある普通株か、通常は議決権がない優先株等の種類株のどちらで出資するかというものです。優先株等は普通株と違って株主総会での議決権はないため、物言わぬ株主になるものの、配当収入をより高い確率で得られます。これも各スポンサーの出資意義に大いに関係してくるところです。コア事業や自社技術を展開

したい会社は、当然にプロジェクトの主導権を取りたいでしょうから、単独議決権を持つ出資割合を取ろうとしますし、資金運用を目的に参画する会社は優先株等による出資となることも考えられます。プロジェクトの経験の少ない現地企業はおそらく少数株主（マイノリティー）となりましょう。少数株主であっても、決議事項の重要度に応じた株主総会決議要件（全員一致決議、過半数決議等）を設定すれば拒否権が持てることもあります。そのほか少数株主を保護する配慮、少数株主ブロックの形成などが検討できますので、少数株主は自身の裁量権の大きい株主間契約となるように交渉する必要があります。

SPC での決議事項は、重要な決議内容の順に、株主総会、取締役会決議、社長権限に分けることが普通です。ですので、株主総会での議決権に加え、SPC の取締役の派遣者数や、SPC の社長や社内の重要ポストを出資パートナーがどう取り合うかという観点もあります。図表 2-3 にこれらの点をまとめて図示しました。

図表 2-3　出資パートナーとの調整―株主割合と派遣取締役

株主総会・取締役会での決議事項を何にするか、
単独議決権を持つか、拒否権をどう持つか

株主総会（議決権）

| A社（50%） | B社（30%） | C社（15%） | D社（5%） |

取締役会（派遣取締役数）

| 3名 | 2名 | 1名 | 0名 |

（検討事項）
　決議事項に応じた決議要件（全員一致、スーパーマジョリティー、過半数等）
　少数株主を保護する配慮
　少数株主ブロックの形成

スポンサーの組成における留意事項

さて、プロジェクトファイナンスでプロジェクトの資金調達をする場合、スポンサーをどのような観点で組成すべきでしょうか。

(1) 当該事業の経験

第一に、筆頭スポンサーはそのプロジェクトと同じ事業の経験を持つ会社であることが望ましい点です。なぜならプロジェクトファイナンスでは、将来キャッシュフローが確実に生まれることが必要ですので、過去に実績をもつ会社がメインスポンサーとなってプロジェクトを主導すれば、当該プロジェクトの信用力が高いと判断されるからです。もしどのスポンサーにもプロジェクトの実施経験がない場合は、技術的にも商務的にも外部からのサポートを得ることが必要になります。

(2) 役割分担

第二に、複数のスポンサーがそれぞれの役割を持ち、その役割に整合性が取れていることです。なぜなら、プロジェクトが筆頭スポンサーの経験のある事業であっても、大抵の場合、新興国での初めての拠点になるとか、販売先が今まで取引のなかった先であるとか、技術的難度が上がるなど、新たなリスク要素が加わるケースが多いためです。そのためにも、スポンサー間でそれぞれの得意分野での役割分担がなされ、リスク分散が図られていることが、プロジェクトファイナンスの観点から重要となります。株主間契約におけるスポンサー間の役割分担はもちろんのこと、取締役の人数とその出身がどのスポンサーからであるか、またSPCの社長や部長ポストの派遣元がどのスポンサーであるかが、プロジェクトの信用力を大きく左右します。

プロジェクトファイナンスは、リミテッドリコースであり、スポンサーにはSPCの借入金返済義務がないため、誰がスポンサーであろうとプロジェクト

ファイナンスの借入条件には影響しないと思われるかもしれません。しかし、スポンサーはなんといっても、プロジェクトのオーナーであり最終的な責任者です。ですので、結局プロジェクトファイナンスでは、誰が主たるスポンサーであるか、そしてそれぞれのスポンサーがどのような役割を負うかが重要視されます。

(3) スポンサーの信用力

　第三に、スポンサーの中で極端に信用力の低いパートナーを含めないことです。プロジェクトファイナンスでのスポンサーの義務は出資金拠出だけですので、出資金さえ出せる見込みが立てば、スポンサーの信用力には関係ないはずですが、銀行から見れば出資金が拠出されなければプロジェクトは完成しませんので、出資金を拠出できるかどうかはリスクと見なします。したがって、信用力の低いスポンサーは融資契約上、出資金の拠出ができない時に備えて銀行信用状（LC：Letter of Credit）の差し入れを求められることがあります。また出資金を拠出できなかったスポンサーは株主間契約上でデフォルトとなり、その出資金の拠出義務が他のスポンサーに転嫁されることになります。

(4) 政府や政府関係機関

　第四に、相手国政府や政府関係機関がスポンサーになる場合に、ポリティカルリスクが発生することがないかどうかを考慮する必要があります。相手国政府がスポンサーに加わることで、プロジェクトが保護されるという面がありますが、一方で政府の政策変更や制度変更などでプロジェクトに大きな制約が生まれる可能性もあります。

スポンサー間の利益相反

　第五に、利益相反の問題があります。あるスポンサーが他の関連当事者を兼ねることで、利益相反（コンフリクトオブインタレスト）が存在する場合の対

処について説明します。利益相反とは、プロジェクトのスポンサーのうち、他の関連当事者を兼ねるスポンサーは利益になる一方で、その他のスポンサーには不利益になるという問題です。

具体的にはスポンサーでありながらも、EPC コントラクターまたは原燃料供給者、オペレーター、オフテイカー（生産物や電力等サービスの引取）を兼務しているケースが利益相反に相当します。

よく見受けられるケースは、スポンサーが EPC コントラクターを兼務する場合です。EPC コントラクターの地位を得るために、プロジェクトのスポンサーになることがあります。スポンサーの立場になると、EPC 契約の発注者としての情報が入手できるため、EPC 契約の入札において有利となります。結果的に競争原理が働かずに割高な EPC 価格になる可能性があります。そうなると、スポンサーの中で兼務しているスポンサーとそうでないスポンサーとの間に得られる利益の差が生じます。スポンサーと EPC コントラクターを兼務している場合、スポンサーとしての配当収入のほかに、EPC コントラクターとしての建設工事の利益も期待されます。配当以外の収入を得ることでどのような立場の差が出るか、具体例で考えてみます。

図表 2-4 を見てください。例えば、A 社という EPC コントラクターが、総額 $100 mil のプロジェクトのうち、$50 mil の EPC 契約を請け負ったとします。その EPC 契約上の粗利は EPC 契約額の 10 ％相当としますと、A 社の粗利は $5 mil（＝ $50 mil×0.1）になります。一方でプロジェクトの融資：出資の割合が 80：20 とした場合、出資総額は $20 mil（＝ $100 mil×0.2）となります。A 社は 25 ％の出資割合で出資参画した場合、同社の出資額は $5 mil（＝ $20 mil× 0.25）となります。すなわち、A 社の EPC 契約上の粗利と A 社の出資額はどちらも $5 mil で同額となります。これの意味するところは、EPC 契約での粗利で投資額が回収できてしまう計算になります。一般のスポンサーは完工後の配当で投資の回収を図りますが、A 社はプロジェクトの完工時点での EPC 契約の支払いを受けることで、EPC 契約の利益によって投資が回収されてしまうことになります。

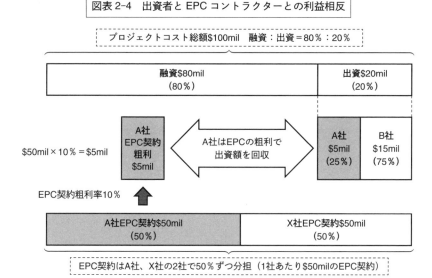

図表 2-4　出資者と EPC コントラクターとの利益相反

プロジェクトコスト総額$100mil　融資：出資＝80％：20％

| 融資$80mil（80％） | 出資$20mil（20％） | |

| A社EPC契約粗利$5mil | A社はEPCの粗利で出資額を回収 | A社$5mil（25％） | B社$15mil（75％） |

$50mil × 10％ ＝ $5mil

EPC契約粗利率10％

| A社EPC契約$50mil（50％） | X社EPC契約$50mil（50％） |

EPC契約はA社、X社の2社で50％ずつ分担（1社あたり$50milのEPC契約）

　プロジェクトファイナンスを検討する場合、このようなスポンサーと他の関連当事者との兼務に伴う利益相反はなるべく避けるべきです。前述の通り、各種契約のコストが競争入札よりも割高となっている可能性があるほか、銀行がスポンサーに何らかのサポートを求める場合に、スポンサーの立場の違いにより、スポンサー間に対応の差異が出ることを銀行が懸念するからです。例えば建設費が予定を超過しスポンサーが追加出資をする場合、EPC コントラクターを兼務しているスポンサーは追加負担が少ないため、その他のスポンサーと利害が対立し追加出資がスムーズに実施されない可能性があります。

　したがって、なるべく利益相反が生じないように、兼務する場合でもアームズ・レングス（ALP：Arm's Length Principal　利害関係があり得る当事者間が一定の適切な距離を保ち独立の立場となること）の関係となることが望ましいです。アームズ・レングスにするためには、上記の例で EPC コントラクターを兼務しているスポンサーは、EPC 契約関連の株主決議には参加できないようにすることなどが考えられます。

株主間契約

スポンサー間の関係を規定する基本契約が株主間契約（SHA：Shareholders' Agreement）です。

株主間契約の規定事項

株主間契約では、主に以下の事項を定めます。

① スポンサー名、出資比率、出資予定額、出資金払込方法、払込不履行の際の手続き

② スポンサーの役割、義務、責任

③ 株主総会の議決権、意思決定手続き

④ 取締役会の議決権、意思決定手続き

⑤ 取締役、幹部社員の任命、解任

⑥ スポンサーの撤退、交代、株式譲渡制限、支配権の変更

⑦ 先買権（RoFR：Right of First Refusal）、先売権（RoFO：Right of First Offer）

⑧ 共同売却権（Tag along）、強制売却権（Drag along）

⑨ 利益配分

⑩ スポンサーで利益相反が生じた場合の手続き

上記の中で解説を要するのが、⑦の先買権、先売権、⑧の共同売却権、強制売却権かと思います。

⑦の先買権（RoFR）とは、あるスポンサーが株式を第三者に譲渡しようとするときに、その第三者との間で買取価格が固まった後で、同条件でその他のスポンサーに対して株式の売却をオファーしなければなりません。その他のスポンサーがこのオファーを拒否した場合は、その株主はこの条件以上で第三者に当該株式を売却することができます。先売権（RoFO）とは、あるスポンサー

が株式を売却しようとするときは、まずその他スポンサーが買取をオファーする権利を得ます。両者で株式譲渡の交渉がまとまらない場合は、そのスポンサーは、交渉におけるオファーを上回る価格で第三者に株式を売却することができます。

⑧の共同売却権（Tag along）とは、あるスポンサーが株式の大半を第三者に譲渡しようとする際に、他のマイノリティースポンサーが取り残されたくないと考え、自分の株式も同条件で買い取るよう、第三者の買主に要求できる権利です。強制売却権（Drag along）は、あるスポンサーが株式の大半を第三者に譲渡しようとする際に、他のマイノリティースポンサーに対しその保有株式を強制的に売却させ、買主が全株式を買い取れるようにする仕組みのことです。

株主間契約における留意事項

株主間協定の規定の中で、プロジェクトファイナンスに影響するポイントは次の通りです。

(1) 出資金払込の不履行

第一に、①の出資金払い込み不履行時の扱いです。あるスポンサーが決められた出資金の払い込みができなかった場合、他のスポンサーが一旦肩代わることになることが多いですが、融資契約に規定されることになる出資金払い込み手続きに支障が出ないようにしなければなりません。

(2) 役割分担と出資比率

第二に、②のスポンサーの役割と出資比率とのバランスが取れているかという点です。先述した通り、主たるスポンサーがそのプロジェクトの経験を持つことが望ましいわけですが、その出資比率は妥当であるかということです。

(3) 意思決定

　第三に、③④の株主総会や取締役会での意思決定に無理がないようにすることです。つまりメジャーなスポンサーが少数スポンサーの意見を聞くことなく、意思決定し独断専行とならないか、反対に少数株主の権利を尊重しすぎて、意思決定ができなくなることがないか、という点です。

(4) スポンサーの交代

　第四に、⑥のスポンサーの撤退、交代、株式譲渡制限、支配権の変更、また⑦の先買権、先売権、⑧の共同売却権、強制売却権については、スポンサーの構成が変わり、プロジェクトの信用力が低下しないようにしておくことがポイントです。もちろん株主交代の自由度を高めておく方がスポンサーにとって都合が良いのですが、プロジェクトファイナンスの融資契約上では、株主の交代は容易に認められないため、株主間契約の条項をオーバーライドする（より厳しい条件を課せられる）ことになりがちだからです。

(5) 利益相反

　第五に、⑩の利益相反事項です。先述した通り、スポンサーの利益相反の事態を銀行は基本的に嫌いますので、株主間契約上、アームズ・レングスの条件とし、利益相反に関連する事項については、決議に参加できないようにする等の条件を入れて、透明性を高めておく必要があるでしょう。

　まとめますと、株主間契約に書かれた各種規定がスポンサー総体としての信用力を維持できるようにしておくことがポイントです。具体的には決議事項に無理がないかどうか（単独議決権が強いとか、少数株主に配慮しすぎているなど）や、株主の交代・撤退条件がスポンサー総体としての信用力を著しく低下させるようなことがないかという点がポイントとなります。

EPC 契約

　出資パートナーが決まれば、次は建設契約を誰と締結するかというフェーズに変わります。誰と建設契約を締結すべきかというポイントは SECTION 6 で述べます。その前に建設契約の内容について説明します。プロジェクトファイナンスでは建設契約を EPC（Engineering Procurement and Construction）契約とすることが多いです。EPC 契約とは直訳すれば設計調達建設請負契約のことです。その EPC 契約を請け負う相手先を EPC コントラクターと呼びます。

　プロジェクトファイナンスによる資金調達を行うためには、完工後にキャッシュフローが安定的に創出されることが必要ですので、プラントが予定通り完工しなければなりません。想定通りに完工させるためには 3 つの「通り」が必要となります。それは、①予算通り、②期限通り、③設計通りの 3 条件です。この想定「通り」に完工するかどうかというリスクを、プロジェクトファイナンスでは「完工リスク」と呼びます。完工リスクは、EPC 契約の内容と EPC コントラクターの選定の仕方で大きく変化します。

　また銀行にとって完工リスクはプロジェクトのリスクの中で最も大きいものの一つとされています。なぜなら、①完工しなければ、そもそもキャッシュフローを生まないため、融資の返済は全く不可能となる、また②完工までは EPC コントラクターが責任を持つため、銀行が建設に関与することができず、完工リスクをコントロールすることは不可能だからです。

　この SECTION では、プロジェクトファイナンスで資金調達するために必要な EPC 契約の内容について説明します。

EPC 契約における留意事項

　プロジェクトファイナンスとするためには、建設契約を EPC 契約とした上で

以下の要件を備えておく必要があります。

(1) 一体となった EPC 契約にすること

EPC 契約は、その名の通り設計と資材調達、建設工事の契約が一体となっているため、各契約の責任関係に断絶がありません。もし設計契約と資材調達契約、建設工事契約を別々に締結し、工程のどこかで遅延が発生し最終的に完工が遅れた場合や完工後プラントに瑕疵が発見された場合、三者の契約当事者間で責任を押し付け合い、係争が生じることもあり得ます。しかし、EPC 契約であれば一本の契約ですので、発注者側はそのような係争には関知せずに済みますし、銀行も完工リスクが低減されると考えます。トータルの建設コストを抑えたい場合や、ダムのように土木工事が主体の場合は、一本の EPC 契約とならず、複数の契約となるケースがありますが、その場合は SPC が工程管理や品質管理を自ら徹底する必要があり、銀行に完工リスクがないことを納得させねばなりません。

(2) オフショア契約とオンショア契約のブリッジ

EPC 契約は通常プロジェクト所在国内外で別建ての契約となります。すなわちプロジェクト所在国外で実施される設計や機器調達はオフショア契約と呼ばれ、プロジェクト所在国での土木工事、据え付け工事などはオンショア契約と呼ばれます。オフショア契約とオンショア契約はブリッジ契約を締結し、実質的に一本の EPC 契約と同じ効果を得るようにします。

(3) LSTK 契約

EPC 契約は、一括請負契約（LSTK：Lump Sum Turnkey）であることが一番望ましいと考えられています。LSTK には二つの意味が含まれています。まず後半の TK（Turnkey, Full turnkey）とは、EPC コントラクターが設計から調達、工事、試験、完成までを一括して請け負い、鍵（キー）を捻ればプラントが完全に動き出すまでの施工責任を負うものです。したがって、発注者は基本的に

完工まで EPC コントラクターに全てを任せればよいことになります。

次に前半の LS はランプサム（Lump Sum または Fixed Lump Sum）のことで、本来 Lump Sum は一括払いという意味ですが、ここでは契約金額が固定（Fixed price）で総額払いであるということを意味します。発注者やプロジェクトファイナンスの銀行から見れば、建設費の予算オーバー（コストオーバーラン）がないことは大きなメリットです。一方、LSTK 契約の価格には、コントラクター側で見積り不可能なリスク分をマージンとして加算しているため、契約金額は高めとなるというやむを得ない面があります。

LS 契約と相対する契約は、コストプラスフィー（Cost Plus Fee：実費精算）契約と呼ばれます。コストプラスフィー契約は、必要となったコストに一般管理費や利益をプラスした金額を契約金額とするもので、LS 契約のように定額契約ではありません。発注者側で厳密なコスト管理ができる場合は、LS 契約よりもコストを削減できる場合もありますが、契約額が定額ではないので、コストオーバーランとなる危険性があります。プロジェクトファイナンスでは、コストオーバーランを極力回避しようとしますので、建設予算に予備費（Contingency）を相当に積んでおかない限り、コストプラスフィー契約を認めてもらえないと考えられます。

最後に、LSTK 契約であっても建設予算に予備費を入れておく必要があることを付け加えておきます。LSTK 契約であれば、コストオーバーランは発生せず、予備費は必要ないはずです。しかし、SPC 側の都合による仕様変更（Change order, Variation order）やプロジェクト用地でのリスク（掘削困難、軟弱地盤、土壌汚染、不発弾、遺跡）、現地の建設に関する法令変更、フォースマジュールリスクの発現（例えば新型コロナウィルスへの対応等）などは、LSTK 契約価格に含まれませんので、やはり予備費を考慮しておく必要があります。

(4) LSTK 契約の外での契約

建設に関する契約は全て LSTK 契約に含まれることが望ましいですが、現地

の土木工事などは LSTK 契約の外での契約となることがよくあります。これは現地国での規制のためであったり、土木予算の見通しが立てづらいためであることが多いようです。このように建設に関する契約を全て LSTK に含めないと、LSTK 外の契約でのコストオーバーランや完工遅延がプロジェクトに大きく影響することがあるため、注意を要します。建設契約の一部が LSTK でない場合には、銀行はコストオーバーランや完工遅延を懸念して、スポンサーに増資を約束させたり、完工までの融資にスポンサーからの債務保証（完工保証）を求めることがあります。

(5) 完工期日

納期となる完工日を確約するもので、date-certain と呼ばれます。完工がその期日よりも遅れた場合は（8）で後述する損害賠償が支払われます。また完工期日よりも早く完工できた場合はボーナスが支払われることがあり、EPC コントラクターにとってインセンティブになります。プロジェクトファイナンスの観点では、全体的に無理のない工程であるかを含めて完工期日の妥当性が審査されます。

(6) 代表責任・請負体制

英語では Single point responsibility と呼び、単体の元請会社が一括請負するという意味で、代表して責任を持つことです。元請会社の下には、下請会社（サブコントラクター）がいますが、元請会社が下請会社の管理（wrap-up）を的確に行い、下請会社の作業責任を全て元請会社が負うものです。

複数の元請会社がコンソーシアムを組んだり合弁会社を作って、EPC コントラクターとなる場合は、連帯責任（Joint and Several）を負わせて責任関係が分散しないようにします。特に、一部の元請会社の信用力に不安がある場合には、連帯責任を取らせることが有効です。プロジェクトファイナンスでは、Single point responsibility であることが求められます。そうでない場合は、オーナーズエンジニア（発注者（SPC）の立場を代表するエンジニアで、建設の監理・監

督を行う）を雇用して管理に当たらせるか（ただしオーナーズエンジニアには責任はありません）、SPC自身が複数の元請会社や下請会社を的確にコントロールしなければなりません。

(7) 完工テスト

プラントの引渡し前に完工テストが実施されます。EPC契約で規定された性能保証値が達成されているかどうかを確認するものです。SPCが完工を確認すると設備がEPCコントラクターからSPCに引き渡されます。それと同時にEPCコントラクターはEPC契約上の義務を解除されることになります。プロジェクトファイナンスによる資金調達のためには、過去同等のプラントで実施されている完工テストと同じ項目が含まれていることを確認します。プロジェクトファイナンスでは、EPC契約上の完工テストが完了することを「物理的完工（Mechanical CompletionまたはPhysical Completion）」と呼びます。このほか、銀行独自の完工基準を設けて、EPC契約上の完工テストよりもより厳しい完工テストが課されることがあります。これをレンダー信頼性テスト（Lender's Reliability Test）と呼びます。レンダー信頼性テストを別途課されることのないように、EPC契約上の完工テストのテスト項目が銀行の目線に合致することを確認します。

(8) 損害賠償

次に、EPC契約に規定される損害賠償（LDs：Liquidated Damages、リキダメと略します）についてです。損害賠償には完工遅延を起こした場合の遅延損害金（Delay LDs）と、EPC契約で定められた性能値を達成できない場合の性能未達損害金（Performance LDs）があります。それぞれの意味については、大凡想像がつくかと思いますが、大事なことは、SPCが受領するLDsが妥当な金額であるかどうかです。遅延損害金については完工が遅れることでSPCが支払う損害賠償があるはずですので、EPCコントラクターから受領するLDsでそれを十分賄うことができるかどうかを検証しなければなりません。また遅延損害金は

支払日数に上限が設定される（90日分まで等）ことが多いので、その上限が妥当なものかを確認しておく必要があります。性能未達損害金は、プロジェクトの機器性能がEPC契約に明記された保証値通りとならないために支払われるものです。性能未達に伴いプロジェクトの操業コストが増加し利益の低下につながります。性能未達損害金はその性能未達により生じる逸失利益をカバーするかどうかを確認しておかねばなりません。我が国では保証性能値に達するまで機器の調整を行うことが常識となっていますが、海外では性能未達となり、その回復のためのEPCコントラクターの負担が大きくなる場合は、性能未達損害金を支払うことで解決する場合があるようです。

(9) 瑕疵担保保証責任（Defect Liability）

通常、完工後に不具合が露見した場合、EPCコントラクターが無償で修理する保証が付きます（瑕疵担保保証責任）。瑕疵担保保証責任期間は完工後1年間から2年間の場合が多く、プラントの複雑さの度合いによって変わります。また瑕疵担保保証責任の範囲にも注意します。

EPC コントラクターの選定

次に、EPC コントラクターの選定にあたって留意すべき点を説明します。観点としては EPC コントラクターの能力や信用力の二点が挙げられます。

(1) 能力

まず能力の観点からは、EPC コントラクターは当該プロジェクトと同等のプラントの施工実績があることが必要です。使用する技術による施工実績があることに加え、他社ライセンスを必要とするプロジェクトに関しては、ライセンスの使用の経験があるかも確認します。またプロジェクト所在国での工事実績も求められます。特に土木工事は現地の建設業者へ下請けに出すケースが多いため、下請けとなる現地企業が土木工事に実績があるか、EPC コントラクターが現地企業をコントロールできるかどうかも、注意しなければなりません。

(2) 信用力

次に信用力の観点からです。EPC コントラクターは一般的に財務体力に脆弱な面があります。景気の循環で受注残高が大きく増減しますし、受注が途絶えてしまったり、赤字工事を出してしまうと、急激に財務内容が悪化します。したがって、技術力や経験に加え財務体質の強さもよく検討しておく必要があります。

(3) 完工認定

EPC コントラクターはプロジェクトの重要な関連当事者ではありますが、他の関連当事者と決定的に違う点があります。EPC コントラクターは完工までしか関与せず、プロジェクトへのコミットメントが他の当事者と比べて格段に薄いことです。EPC コントラクターはプロジェクトの完工が認定され設備を SPC

に引渡しをした瞬間に大幅に義務は軽減され、建設工事の対価を得れば関連当事者ではなくなります。また完工遅延や性能未達といった契約違反は全て損害賠償で精算されます。つまり契約との齟齬は「金」で解決して、完工すればプロジェクトからは引き上げてしまうという存在であることを認識しておきましょう。「引き上げてしまう」というとプロジェクトを置いて逃げるような印象を受けるかもしれません。建設を請け負うEPCコントラクターは完工まで多くの義務を負っていますが、SPCによって完工認定されプロジェクトが引渡（所有権移転）されると、その義務が免除されます。もちろん瑕疵担保保証責任は残りますが、引き渡し後の不具合は隠れた瑕疵でない限り、EPCコントラクターは無償修理の義務はありません。そのためSPCから見るとEPCコントラクターの完工後の撤退は逃げるように見えるのです。したがってSPCは完工認定の見極めを慎重に行う必要があると言えます。

(4) まとめ

　完工リスクの低減方法についてまとめます。プロジェクトファイナンスによる資金調達のためには、EPC契約を技術・施工実績があり、信用リスクに不安のないEPCコントラクターとの間で、契約額が定額となる一括請負（LSTK）契約を結ぶことが望ましいということになります。注意点としては、コストオーバーランが発生しやすく、現地企業が請負う可能性が高い土木工事の契約もなるべくLSTK契約に含めた方がよいと思われます。やむを得ず、複数のEPC契約となる場合はオーナーズエンジニアを雇用するかSPC自身が工程の監理を行っていく必要があります。完工日は確定していることと、銀行の要求に耐えられる完工テストが定められていることが必要です。またEPC契約に規定される損害賠償（LDs）のうち遅延損害金（Delay LDs）と性能未達損害金（Performance LDs）はSPCが負担するコストをカバーするものであることが必要です。また完工後の瑕疵担保保証責任が十分な期間、内容であることも大事です。

　このように、建設に関する様々なリスクはEPC契約によって、基本的に信用

力のある EPC コントラクターの責任に帰結させ、発注者である SPC は完工まで EPC コントラクターに全てを任せる形とするようにすれば、コストオーバーランや完工遅延、性能未達の懸念はなくなるため、プロジェクトファイナンスでの資金調達が現実的になります。

　最後に、銀行がこの完工リスクを取れないとした場合について説明します。その場合、プロジェクトが完工するまでの間は、SPC の債務をスポンサーが債務保証することになります。これをスポンサーによる完工保証と言います。完工保証は、完工遅延に伴うコストオーバーランに対してスポンサーが完工するまでの資金提供義務を負うものでありますので、注意が必要です。特に複数のプラントで構成される複雑なプロジェクトなどでは、完工保証が求められることがあります。その場合のポイントは完工テストです。完工テストをクリアすれば、スポンサーによる債務保証が免除され、銀行はプロジェクトのリスクを負うことになりますので、銀行は完工テストの要件をなるべく厳格にしようとします。銀行が過度に厳しい完工要件を求めて来た場合は、その完工テストの内容が現実的でないことを説明する必要があります。

オペレーター契約とオペレーター

　オペレーターは、SPC から操業保守を委託する先です。SPC 自身がオペレーターとなる場合もありますが、外部に委託した方が効率的な場合は、外部からオペレーターを雇用します。雇用するオペレーターは同様のプラントでの操業・保守の実績があることや、所長候補者の経験の有無がポイントです。また小規模の会社が多いことから、企業としての信用力も確認しておきます。

　オペレーターとは操業保守（O&M：Operation and Maintenance）契約を締結します。O&M 契約のポイントは、操業・保守作業内容、責任範囲、損害賠償額、フォースマジュールの扱いなどです。オペレーターは一旦雇用すると、どうしてもマンネリになりやすいため、自己改善の意欲を持たせるために、操業率向上やコストが減少した際に、ボーナスを付与する等、O&M 契約の中でインセンティブを付けることが大事です。

　一方、定期的な修理等のメンテナンス部分だけについて、オペレーターとは別に EPC コントラクターや主機メーカーと、長期サービス契約（LTSA：Long Term Services Agreement）を締結することがあります。

　SPC 自身がオペレーターとなる場合は、責任者の個人経験を踏まえた任命や、人員構成、スタッフの採用方針、研修方法を策定することが大事です。

オフテイク契約とオフテイカー

　オフテイカーとは、SPC が産出する生産物や提供するサービスを買い取る主体です。特定のオフテイカーとの間で長期間買い取りを約束させる契約をオフテイク契約（Offtake Agreement）といいます。

　このオフテイク契約が入札で募集されることがよくあります。IPP における買電契約（PPA）や、サービス購入型 PFI 事業などです。プロジェクトを立ち上げる契機がこのオフテイク契約の入札であるケースは多く、入札手続きに従って応札していかねばなりませんので、検討スケジュールは非常にタイトとなります。オフテイカー側に有利となる条件を提示できた入札者が落札できますが、有利な条件を提示すればするほど、スポンサーにとっては不利となりますので、入札時の提示内容は非常に重要です。ただし入札時点では、EPC 契約や原燃料契約の見積もりは取っていても、銀行との融資契約は締結どころか条件交渉さえしていませんので、入札は大変リスクの高いものとなります。この入札額を算定する仕組みは、第4章の COLUMN で解説します。

　オフテイク契約の話に戻ります。オフテイク契約があれば、SPC は売れ残りを心配する必要がなくなり、キャッシュフローの安定化が図れますので、プロジェクトファイナンスとの親和性があります。オフテイク契約がなく、不特定多数が買い手となる市場で生産物やサービスを販売するプロジェクトもありますが、価格や販売数量の保証がなされないことが多いため、市場の需給状況、価格動向、また市場規模や透明性、自身のプロジェクト競争力を確認していかねばなりません。これをマーケットリスクと呼びます。

　オフテイカーとオフテイク契約はキャッシュフローの源泉でありますので、プロジェクトファイナンスでの資金調達のために重要なポイントとなります。

オフテイク契約における留意事項

　オフテイク契約のあるプロジェクトというのは、特定の生産物やサービスを提供するプロジェクトになることが多いです。例えば電力（水）供給契約、LNG・石油・石油製品・石油化学製品・鉱物販売契約、LNG 船の傭船契約、パイプラインの運送契約、各種リース契約、サービス購入型 PFI 事業、などです。

　オフテイク契約のポイントは、創出されるキャッシュフローがいかに安定しているかどうかに尽きます。すなわち、キャッシュフローは、「価格」×「数量」で決まりますので、価格と数量の変動が少ないほどキャッシュフローが安定していると考えられます。

(1) 価格

　まず「価格」を安定させる仕組みの例は、再生エネルギー（太陽光・風力）の固定価格買取制度（FIT：Feed in Tariff）です。再生エネルギーの導入を促進するために、固定の買取価格を設定して資本回収をしやすくした仕組みです。資源関係のコモディティ（商品）は品質が同一で透明な市場価格が成立しているため、価格が一定の予測の範囲内で変動すると考えられます。しかし、個別性のある商品は、長い時間の間に陳腐化したり他の商品に代替することで価格が下落することがありますので、オフテイク価格の設定には留意が必要です。

(2) 数量

　「数量」を安定させる仕組みの例は、テイクオアペイ（take or pay）です。テイクオアペイとは、買い取る（take）かまたは支払う（pay）かのどちらかという意味で、例えば LNG を契約通り引き取れない場合に、引き取りに見合う価格の支払いを義務付けるというものです。オフテイク契約にテイクオアペイ条件があれば、売れ残りを心配することがありません。パイプラインにおいてはテイクオアペイに似た概念で、シップオアペイ（ship or pay）という条件があ

ります。パイプラインで輸送するガスや水がない場合は、運搬料金と同額を支払う仕組みで、パイプラインの利用権料と考えられます。太陽光・風力発電の場合は、発電全量の買い取りが原則ですが、出力制限を受けることがないかが、ポイントとなります。

(3) Availability Payment

更に「価格」や「数量」に関わりなく、「一定条件を満たせば」定額の支払いを受けられる仕組みもあります。IPP で、発電が利用可能な状態にあれば定額支払が受けられる Capacity Charge、リース契約のリース料、PFI でのサービス対価支払いなどが相当します。このように「一定条件を満たせば」定額の支払いが行われる仕組みを Availability payment といいます。「一定条件」とは、常に利用可能（available）な状態を保持していることで、もしそうでないと、Availability payment が減額されます。利用可能（available）な状態を保てない原因の例として、環境規制が変更になり運転できなくなったとか、台風の襲来でプラント損壊したとか、機器が大きな不具合を起こしたなどが考えられますが、それぞれはプロジェクトリスク（図表 2-1）で説明したポリティカルリスク、フォースマジュールリスク、コマーシャルリスクと分類され、それぞれのリスクに応じて Availability payment の減額幅が異なります。

(4) 解約

インフラのプロジェクトの場合、生産物は電力や水であり、PFI などでの提供サービスは公共サービスであるなど、オフテイクの対象は社会的に必要不可欠なものが多いです。したがって、オフテイカーはその生産物やサービスの供給を他者からの供給に切り替えることが基本的に困難です（代替困難性）。オフテイク契約は基本的に長期間の契約であり、途中で契約破棄（terminate）されることは想定されていません。しかし、先程と同様にポリティカルリスク、フォースマジュールリスク、コマーシャルリスクが原因でオフテイク契約が止む無く破棄されることがあり得ます。SPC としては資本回収ができないまま、

オフテイク契約が破棄されると、プロジェクトが頓挫しますので、破棄の原因となった3つのリスクに応じて発生する解約金で資本回収を行うことになります。オフテイカーが当該国政府ないし政府機関で、ポリティカルリスクによる契約破棄の場合は、バイアウト（buy out）と呼ばれる資本費回収見合いの解約金が通常支払われます。フォースマジュールリスク、コマーシャルリスクが契約破棄の原因の場合は解約金の算出根拠が異なります。また戦争、テロ等で操業停止を余儀なくされた場合は、オフテイク契約で操業停止中の固定費支払（含む元利金返済・資本回収額）がなされたり、オフテイク契約が延長されたり、オフテイク価格が引き上げられたりする仕組みを取り入れます。

このように、オフテイク契約は、収入が安定する仕組みとなっているか、またオフテイク契約が破棄されたときの解約金が融資返済と出資金の回収をカバーしているかどうかを良く精査することがポイントとなります。

(5) 建値通貨

オフテイク契約の建値通貨（例えば1kwhあたり○セント）は、費用や借入金の建値通貨と合わせる必要があります。建値通貨が異なると、為替レートの変動によりキャッシュフローが大きく変化します。オフテイク契約が現地通貨建にならざるを得ないインフラプロジェクトは、現地通貨建の借入金にしなければなりません。現地通貨建で金利を固定した長期間の借入が難しい場合は、悩ましいことになります。

オフテイカーの選定における留意事項

オフテイカーは、プロジェクトからの生産物やサービスを長期的に買い取る主体であるため、プロジェクトにとって最も重要な関連当事者です。以下、プロジェクトファイナンスにおけるオフテイカーのポイントを記します。

(1) 信用力

第一に、オフテイカーとしての信用力です。長期間生産物やサービスを買い取るための資金支払能力を維持できるだけの信用力を兼ね備えているかどうかという点です。オフテイク契約上のテイクオアペイはオフテイカーにとって負担となります。なぜなら、プロジェクトが利用可能な状態にある限り、生産物・サービスを買い取るか、買い取れない場合は買取額見合いの支払が必要という、買取側にとって経済合理性に欠ける条件だからです。もちろん大枠で考えれば、オフテイク契約で買い取る方が、オフテイカー自身で生産するよりもコストが安価なはずなのですが、オフテイカー側に無理があることは承知しておいてください。第2章の章末のCOLUMNで、電力のオフテイカーは「3重苦」を抱えているということをご紹介していますので、参考にしてください。オフテイカーが政府の場合は政府の信用力を審査する必要がありますし、政府直轄の政府機関の場合は政府からのサポートが十分期待できるかという点が信用力の有無のポイントになります。また政府機関は民営化される可能性もありますので、民営化されたときの信用力の変化を想定しておく必要があります。

(2) 販売力

第二に、オフテイカーが買い取った生産物・サービスを販売する場合その転売能力を持ち得ているかという点です。電力のオフテイカーは送電会社や配電会社であり、水のオフテイカーは上水道公社であるべきです。買い取った電力や水を販売する顧客相手がいない、もしくは市場で売りに出すというオフテイカーでは、安定したキャッシュフローを期待できません。また環境に優しい再生エネルギー由来の電力のことをグリーン電力と呼ぶことがありますが、国の制度上グリーン電力を購入する義務を負うオフテイカーであった場合、その制度が変更になりグリーン電力の購入義務が廃止になれば、グリーン電力を購入するインセンティブがなくなるかも知れません。

(3) オフテイカーの数

　第三に、オフテイカーが1社か複数社かという点です。もちろん1社であれば分析は容易です。もしオフテイカーが2社（A社・B社）存在する場合、B社が買取義務を履行できない場合は、A社の買取負担が増すことになり、そのリスクの分析が複雑となります。もしA社の信用力に問題がなく、A社がB社の引取義務をカバーする形でA社が連帯責任を負えば、判断が容易となります。

(4) 撤退・交代時

　第四に、オフテイカーが撤退したり、交代する場合の備えについてです。撤退となると、日々市場での販売を行うことになり、販売量や販売価格の問題が顕在化します。オフテイカーの交代については新たなオフテイカーが、従前と同じ条件で買取してくれれば問題ないですが、交代後のオフテイク条件が判明しないとキャッシュフローが推測できません。

原燃料供給契約と供給者

原料や燃料を必要とするプロジェクトの場合、信用力のある供給者から長期間の供給契約を締結して調達します。

原燃料供給契約における留意事項

原燃料供給契約は、プロジェクトの稼働のための生命線です。原料や燃料が一日でも途絶すれば、プラントの稼働は止まり、利用可能（available）な状態を保てないことになります。プロジェクトファイナンスにおいても、原燃料供給契約はプロジェクトの安定したキャッシュフローの創出に欠かせないものとして、重視されます。

(1) 品質・数量

まず第一に、使用する原燃料が品質、数量共、適時適切にプラントへ運び込まれることが必要です。特に品質の面では、プラント設計上で定められた品質の原燃料でないと性能を発揮できないばかりか、不具合を起こす可能性があります。太陽光・風力発電の場合は、観測データをもとに一定の超過確率での発電量予測を行います。

(2) 価格

第二に、原燃料の供給価格の変動についてです。当然ながら、供給価格はフォーミュラ（公式）で定められたものでなくてはいけません。供給価格の変動はやむを得ないものですが、SPCとしてこの原燃料価格上昇リスクを負えない場合は、オフテイク契約の中で価格上昇分を上乗せして支払ってもらう仕組みを取り入れることが望ましいです。すなわち供給価格の変動分をオフテイク

63

契約に転嫁するもので、これをパススルー（pass through）といいます。その場合には、原燃料供給契約とオフテイク契約との間の価格転嫁の仕組み（タイミングや為替レートなど）が整合的であることが必要です。

(3) 契約期間

　第三に、原燃料供給契約の契約期間がプロジェクトの存続期間をカバーするかどうかという点です。オフテイク契約がある場合は、その期間とマッチングさせる必要がありますが、一般的に長期の供給契約の締結は難しく、長くても10年程度となることが多いです。その場合は10年後の契約更新が既存と同条件で行われることをなるべく確保しておく必要があります。

(4) 契約条件

　第四に、供給者側のプットオアペイ（put or pay）契約であるかどうかです。プットオアペイ契約とは、供給者が原燃料を供給（put）できない場合は、代償として代替調達相当代金を供給者が調達者側に支払う（pay）ものです。調達側にとって有利な契約となります。一方、調達側がテイクオアペイ（take or pay）となっている場合は、プラントの不具合等で原燃料が調達不要な時は調達代金相当を供給者に支払う義務を負う事になりますので、注意が必要です。

(5) 損害賠償

　第五に、供給者側の義務不履行時の損害賠償の扱いについてです。鉱山や油田での事故や、港湾労働者のストライキ、当該国の輸出規制で原燃料供給ができなくなった際の扱いです。供給不能となった原因によって賠償額の考え方が変わりますが、供給者側からの賠償額が、SPC で必要となる賠償額や、Availability payment の減額幅を上回ることが必要です。

供給者の選定における留意事項

　原燃料供給者は長期間の供給能力を持つ企業であることが最も大事な条件ですが、資源等の生産地を保有するような「山元」の企業でない場合（例えば商社等）、同社の商圏や扱い高について精査が必要です。供給者が山元であったとしても、十分な埋蔵量を持っているか、山元での環境規制等で将来生産の制約が予想されないかを確認しておきましょう。

現地国政府等

　海外で事業を実施する以上、ポリティカルリスクと無縁ではいられません。ポリティカルリスクとは、現地国政府等による政治・政策によって引き起こされるもので、接収・収用・国有化、戦争・内乱・暴動・テロ、法制・許認可変更、政府・国営企業等の債務（義務）不履行、外貨交換・外貨送金規制などが挙げられます。ポリティカルリスクの発現は民間企業にとっては不可抗力に等しく、プロジェクトの存続に大きな影響を及ぼします。したがって、プロジェクトが所在する現地国においてポリティカルリスクの発生する可能性が高い場合は、現地国政府等と直接に契約を結び、現地国政府等からポリティカルリスク発現時に被る被害の補償やサポートを得られるようにします。これは借手や貸手双方の利益となることから、組成段階から取り入れておくべきです。ポリティカルリスクを検討するにあたっては、当該国の憲法・投資法・外国為替法・中銀規制、および諸外国との通貨スワップ協定・二国間投資協定、FTA等の枠組みによって、ポリティカルリスクの発生する蓋然性が減じられているかを確認しておきましょう。

　戦争・テロ等でプロジェクトが停止する場合に備え、オフテイク契約上、操業停止中の固定費支払（含む元利金返済・資本回収額）がなされたり、オフテイク契約が延長されたり、オフテイク価格が引き上げられたりすることができるようにします（オフテイカーが現地国政府等である場合）。また接収・収用・国有化される場合は、プロジェクトが継続不可能となるため、現地国政府によるプロジェクトの買取条項（buy out）を設け、買取価格が融資返済額や資本回収額を上回るように設計します。

　もしその補償やサポートを上書きするようなポリティカルリスクが発現する可能性がある場合、そのコントロールは政府対政府の関係で解決していかざるを得ないため、公的金融機関の参画を求めることになります。必要に応じ公的

金融機関と現地国政府等との間でMOU（Memorandum of Understanding、覚書であり、通常法的拘束力を有しない）またはAcknowledgement and Consent契約等を締結し、本プロジェクトを現地国政府等に認知させると共に、プロジェクトのスムーズな遂行を支援させます。

　また資金調達の過程で、ポリティカルリスクテイクを受容しない市中銀行融資部分に公的金融機関のポリティカルリスク保証・保険を付保し、接収・収用・国有化、戦争・内乱・暴動・テロ、法制・許認可変更、外貨交換・外貨送金規制のリスクをカバーすることを予定します。さらに政府の債務（義務）不履行リスクに対しては保証・保険範囲のより広いエクステンディッドポリティカルリスク保証（EPRG：Extended Political Risk Guarantee）・保険（EPRI：Extended Political Risk Insurance）をもって市中銀行融資部分をカバーすることも検討します。

　一方出資株式に対しては、NEXIの海外投資保険によりポリティカルリスクやエクステンディッドポリティカルリスクに対する保険を付保します。

　外貨交換リスクとは、現地政府当局等が現地国通貨から外貨への交換を停止するリスクであり、外貨送金規制リスクとは、現地政府当局等が現地国からの送金を認めないリスクです。輸出型プロジェクトの場合、ロンドンやニューヨークにオフショアエスクローアカウントを設置し、輸入者からの売上代金をオフショアエスクローアカウントに入金することにより、現地国へは売上代金が還流しないようにして、外貨交換・外貨送金規制リスクを回避することができます。

保険会社と保険契約

　地震・台風等のフォースマジュールリスクおよび建設・操業時の事故・故障等に対して、原状に回復するための修理費用や復旧期間中のSPCの固定費を損害保険の保険金で賄い、スポンサーや銀行からの追加資金を必要としないようにします。そのために保険会社から適切な損害保険を付保します。プロジェクトファイナンスの場合、SPCとして必要な損害保険を付保するのは当然のことですが、銀行側からの観点で必要とする保険を付保するところに特徴があります。つまり保険事故が発生し、SPCのキャッシュフローに想定外の減少が生じた場合、損害保険金によりそのキャッシュフローの減少を穴埋めできるかどうかを銀行は注視します。また銀行は一流の国際的保険会社の損害保険しか認めない傾向にあります。開発途上国では国策（業界保護・育成）として現地の損害保険会社を起用することが義務付けられていることが多く、現地の損害保険会社を元受けとし、国際的保険会社による再保険でカバーするケースが多くなることを想定しておかねばなりません。

　プロジェクトにおいて保険料は大きな費用項目となります。付保範囲を限定したり、付保額を減額することで保険料を抑えることができますが、保険料を抑えることとリスクは相反関係にありますので、銀行側の要求を想定した保険会社の選定および損害保険の設計を行っておく必要があります。

　建設期間中の保険は、貨物海上保険、工事組立オール・リスク保険、第三者賠償責任保険などがあり、操業期間中の保険は、財物損害オール・リスク保険、事業中断保険、第三者賠償責任保険があります。特に事業中断保険はBI（Business Interruption Insurance）と呼ばれ保険料も高額ですが、銀行側が付保を拘る保険です。保険の付保についての銀行との交渉方法については第4章SECTION 4の「セキュリティーパッケージの交渉　フォースマジュールリスク」で説明します。

その他の関連当事者を選定する上での留意事項

　プロジェクトファイナンスでの資金調達の前提として重要なのが完工後のキャッシュフロー創出能力の安定性です。SECTION 11 までの関連当事者以外の関連当事者がいる場合、その選定で留意すべき共通のポイントは以下の通りで、いずれもキャッシュフローが安定的に創出されるために必要な条件です。

① 関連当事者の信用力が一定以上（格付 BBB－または Baa3 程度以上）であること

② 契約上の責任を負う立場として最も適した関連当事者であること

③ 関連当事者が単一であるか、複数であっても責任を取る代表会社がいること

④ 関連当事者が撤退したり、交代しないこと

　上記ポイントは関連当事者の選定においての一般論ではありますが、どのようなプロジェクトにも共通する観点ですので、関連当事者を選定する上で心に留めておいてください。

スポンサーによる事業性評価

　ここまで述べた関連当事者との間で各種契約を締結する目途ができれば、プロジェクトの組成は、ほぼ終わりとなり、投資決定判断を行います。投資決定判断を行うために、スポンサーによる事業性評価を行います。組成済のプロジェクトに後から参入する場合、購入株式評価の際に、同様の事業性評価を実施します。

　スポンサーによる事業性評価は、プロジェクトの採算性評価が目的です。すなわちプロジェクトの実行可能性を調査、検討し、キャッシュフローから算出されるプロジェクトの収益性の指標をもって、プロジェクトの投資決定判断の材料とすることです。この SECTION ではプロジェクトファイナンスでの資金

図表 2-5　事業性評価

アドバイザー・コンサルタントを雇用して事業性評価を行う

アドバイザー	対象業務
Financial Advisor	①プロジェクト組成時の事業性評価のアドバイス 　事業権入札に関するサポート ②資金調達から借入実行に関するアドバイス
弁護士 (Legal Advisor)	プロジェクト関連契約分析、契約書作成、 法律意見書作成、現地法弁護士も必要
技術アドバイザー (Technical Advisor)	技術、建設、操業、CF の妥当性 (オーナーズエンジニアが兼務することも)
環境社会配慮アドバイザー (Environmental Advisor)	ESIA の実施、環境許認可の取得、確認、 汚染対策、自然環境、環境社会審査
保険アドバイザー (Insurance Advisor)	保険ポリシーの評価・提案、保険のアベイラビリティ調査
会計・税務アドバイザー (Tax & Account Advisor)	会計・税務の確認、CF モデルの監査
マーケットアドバイザー (Market Advisor)	価格・販売リスクの評価、原燃料調達の評価

調達を念頭に置いた事業性評価のポイントを探っていきます。

　スポンサーとしての事業性評価を行うためには、まずスポンサーサイドで各種アドバイザーを雇用します。主なアドバイザーは、Financial Advisor、弁護士、技術アドバイザー、環境社会配慮アドバイザー、保険アドバイザー、会計・税務アドバイザーなどです。図表2-5はそのアドバイザーの対象業務を記しています。

　以下、各アドバイザーを選定する際のポイントを解説します。

Financial Advisor の選定における留意事項

(1) 目的

　スポンサーが Financial Advisor を雇用する目的は二つあります。

① プロジェクト組成時または、株式購入時の事業性評価のアドバイスや、オフテイク契約や事業権の入札に関して、サポートを受ける

② 銀行等からの資金調達に関するアドバイスを受ける

　普通 Financial Advisor と言えば、②の資金調達に関する助言を行う役割を意味しますが、①のケースは、大規模なプロジェクトだったり、スポンサーの数が多い場合などに、Financial Advisor が事業計画策定の補助、各種アドバイザーのレポートの取りまとめ、キャッシュフローの作成等を通じて事業性評価のサポートを行います。またオフテイク契約や事業権の入札時には、銀行からのコミット（融資条件の確約）を得ることは難しいので、プロジェクトファイナンスでの資金調達に経験豊富な Financial Advisor から、資金調達の確度を高めるためのアドバイスが重要になります。もちろん Financial Advisor に外部委託せずにスポンサー独自で事業性評価や事業権入札や資金調達することもあります。

(2) 選定方法

　次に Financial Advisor の選定方法です。Financial Advisor の候補者からプロポーザルを提出させて、ビューティーコンテストを経て決定します。Financial Advisor は、商業銀行や投資銀行、証券会社といった金融機関か、コンサルティング会社から雇用します。Financial Advisor はその名の通りアドバイスを受ける支援業務であり、Financial Advisor の能力は個々人とチームメンバーの資質に大きく依存することから、慎重に選定を行います。

　プロポーザルの作成を求める際には、借手から①プロジェクトの概要、②希望する資金調達条件、③必要となるサポート内容等を Financial Advisor 候補者に提供します。Financial Advisor 候補者は普段からプロポーザルの作成には慣れているので、Financial Advisor 候補者から立派なプロポーザルを受け取ることができます。プロポーザルには、①当該プロジェクトに適した資金調達の方法の紹介、②アドバイザーとしての経験や実績、③担当するチームの紹介、④担当者個人の経歴、⑤フィーの水準などが記されます。

　Financial Advisor 選定でのポイントは、候補者からのプロポーザルをしっかり横並び比較することです。どうしてもフィーの水準で比較しがちですが、フィーが安ければよいというわけではありません。類似プロジェクトにおけるプロジェクトファイナンスの Financial Advisor の実績、経験の有無がポイントとなります。プロポーザルでは過去の実績、経験は誇大広告になりがちで、Financial Advisor ではなく融資に参加しただけであるのに、Financial Advisor の実績、経験があるかのように表現している場合がありますので、注意が必要です。またチームリーダーの実績、経験が大事です。Financial Advisor の業務で著名な金融機関であっても、結局はチームリーダー個人の力量に依存することが大きいので、チームリーダーの実績はもちろんのこと、面接を実施して「人となり」を見ることが必要です。候補者各社とも看板となるトップクラスのチームリーダーを出してきますが、チームリーダーが他の案件と掛け持ちをしていないかよく確認しましょう。「私の時間を全て貴社のプロジェクトの Financial

Advisor 業務に提供します。」と言っておきながら、他の案件で海外出張していてなかなか連絡がつかなかったり、レスポンスが遅くなるようなことがよくあります。またチーム編成も大事です。Financial Advisor のチームがどの拠点に所属するかを確認します。アジアではシンガポールや香港で Financial Advisor 業務を行っている金融機関が多いため、東京は単なる窓口に過ぎず、東京にいるスタッフは責任を持った対応ができない場合があります。シンガポールや香港のチームの場合は英語でのコミュニケーションとなることに留意しましょう。またロンドンやニューヨークのチームとなる場合は時差にも配慮が必要です。Financial Advisor のチームの拠点は、資金調達の際の幹事銀行と同じ拠点にした方がよいでしょう。またスポンサーが複数国に所在する場合は、それぞれの国で Financial Advisor の窓口を設けることができればコミュニケーションがスムーズかもしれません。プロジェクトの所在国にも Financial Advisor の拠点があれば何よりです。また各種契約書が英語でなく、フランス語やスペイン語である場合は多言語に対応できるかどうかも確認しておきましょう。

弁護士事務所の選定

　弁護士は、事業性評価を行う前から雇用するケースが多いです。なぜならば関連当事者との各種契約を締結するにあたり、契約書の作成とレビューを行うと共に、法律関連事項についての交渉のサポートを依頼するからです。また現地国の法制や許認可については弁護士の力を借りなければ調査ができません。

　弁護士事務所の選定も、上記 Financial Advisor の選定方法と基本的に同じですが、弁護士事務所はプロジェクトの準拠法（英法、米法）によって、また投資プロジェクト（M&A）やファイナンスを専門にしているかどうかで、選択肢が定まります。インフラプロジェクトやプロジェクトファイナンスに実績のある弁護士事務所であることや、チームリーダーの経験や素質、各国のチームメンバー構成をよく見て選定するべきと考えます。

各種アドバイザーの選定

その他の各種アドバイザー・コンサルタントもプロジェクトの組成段階から
スポンサーが雇用することがあります。具体的には、技術アドバイザー、環境
社会配慮アドバイザー、保険アドバイザー、会計・税務アドバイザー、マー
ケットアドバイザー、などが挙げられます。技術アドバイザーはスポンサーが
プロジェクトの技術的知見に劣る場合に雇用する場合があるほか、スポンサー
がEPC契約を締結するために、スポンサー側のオーナーズエンジニアとして雇
用する場合があります。環境社会配慮・保険・会計・税務はそれぞれの専門分
野で、リスクの有無の調査や適切な対処についてアドバイスを得るものです。

事業性評価の手法

これら各アドバイザーを使って、技術的および経済的両面から調査（デュー
デリジェンス）を実施します。デューデリジェンスでは、プロジェクトを取り
巻く外部要因の、プロジェクト所在国の政治、法制、各種規制、マクロ経済動
向、技術動向、環境問題、社会環境といったマクロ環境を分析します。次にプ
ロジェクトの業界動向、市場調査、プロジェクト競争力、技術力、原燃料調達
の確実性、オフテイク販売の妥当性、オペレーターの信頼性を審査します。こ
のデューデリジェンスにあたっては、SECTION 1 で紹介した「プロジェクトの
リスクとは」という視点に立って行うことが重要です。

そのデューデリジェンス結果をもとに、Financial Advisor（もしくはスポン
サー自身）が作成したキャッシュフローにより採算性評価を行います。キャッ
シュフローの仕組みについては第4章 SECTION 3「レンダーキャッシュフロー
の策定」で詳しく説明します。キャッシュフローから算出される指標は、プロ
ジェクトの内部収益率であるプロジェクト IRR（PIRR：Project Internal Rate of
Return）、配当利回りである①エクイティ IRR（EIRR：Equity Internal Rate of

Return)、②必要投資額、③投資回収年数等です。それをもとに、各スポンサー
が、①エクイティIRRがスポンサー各社の内部で定められたハードルレート
（最低限必要とされる利回り）を上回るかどうか、②必要投資（出資）額（絶対
額）がプロジェクトのリスクに対し妥当であるかどうか、③投資回収年数の妥
当性などの検討を行います。

　IRRの算出方法は図表2-6を参照してください。Year 0に＄12,000 milで株式
投資を行い、Year 1からYear 5まで配当性向40％の配当を受領し、Year 5でエ
グジット（株式売却）し、＄16,000 milを受領した場合のエクイティIRRは
7.9％となることを示しています。

図表2-6　内部収益率（IRR）

投資期間のキャッシュフローの正味現在価値（NPV）が0となる割引率

将来価値＝現在価値×（1＋金利）^n　（^：乗数、n：年数）
金利：0.1　とした場合
　　　　1年後の将来価値＝500×（1＋0.1）^1＝550
　　　　2年後の将来価値＝500×（1＋0.1）^2＝605
　　　　3年後の将来価値＝500×（1＋0.1）^3＝665.5
となります。

　したがって、現在価値は
現在価値＝将来価値/（1＋金利）^n　と表せます。

年　　　　（単位＄mil）	Year 0	Year 1	Year 2	Year 3	Year 4	Year 5
当期利益	3,000	3,400	3,600	3,200	3,600	4,000
配当性向％	40％	40％	40％	40％	40％	40％
配当総額	1,200	1,360	1,440	1,280	1,440	1,600
株式持分	20％	20％	20％	20％	20％	20％
配当	240	272	288	256	288	320
配当（キャッシュフロー）		240	272	288	256	288
投資価格	12,000					
エグジット時の売却価格						16,000
インカム・ゲイン		240	272	288	256	288
投資価格	(12,000)					
キャピタル・ゲイン						16,000
投資・リターン合計	(12,000)	240	272	288	256	16,288
エクイティIRR	7.9％					
現在価値		222	234	229	189	11,137

次に、ハードルレートの考え方については、図表 2-7 を参照してください。

IRR がハードルレートを上回れば投資実行
NPV がプラスであれば投資実行

・ハードルレート＝株主資本コスト
　または、
・ハードルレート＝WACC＋α（＝市場の期待する利率などの努力目標）

加重平均資本コスト	**資本資産価格モデル**
WACC（Weighted Average Cost of Capital）	**CAPM**（Capital Asset Pricing Model）
負債や資本を含めた、	株式投資期待収益率
企業の総合的な資金調達コスト	

WACC ＝ [rE × E/(D＋E)] ＋
　　　　　[rD×(1－T)　×　D/(D＋E)]
　　　rE：株主資本コスト
　　　rD：負債コスト
　　　D：有利子負債額
　　　E：株主資本額（時価）
　　　T：実効税率

rE ＝ rf ＋ β(rM－rf)
　　rE：株主資本コスト
　　rf：リスクフリー・レート
　　β：株式の β 値
　　　　市場全体の変動に対する株式
　　　　の期待リターンの感応度
　　rM－rf：マーケットリスク・プレミアム

　ハードルレートはスポンサーが期待するリターンの最低水準であり、投資を実行するか断念するかの基準となります。エクイティ IRR がハードルレートを超えれば投資実行となります。言い換えますと、ハードルレートを割引率として NPV（正味現在価値）がプラスとなれば、投資実行となります。ハードルレートは WACC（加重平均資本コスト）を基準に決める場合と CAPM（資本資産価格モデル）による株主資本コストとする場合等があります。

　エクイティ IRR がハードルレートを超えていることが確認できれば、次は感度分析（sensitivity analysis）を行います。感度分析とは、各種前提を変えた場合、またはあるリスクが発現した場合に、プロジェクトファイナンスの返済がどのように滞るか、またスポンサーにとってのエクイティ IRR がどのように低下するか、プロジェクトの経済性や耐性を検証・分析するものです。感度分析の詳しい手法は、第 4 章 SECTION 3「レンダーキャッシュフローの策定」で説明します。さらにこのプロジェクトのキャッシュフローがプロジェクトファイ

ナンスで必要とされる返済可能性基準を満たすかどうかを検討します。この基準についても、第4章SECTION 3「レンダーキャッシュフローの策定」で詳しく解説します。

次に、プロジェクトファイナンスでの資金調達の可能性についてFinancial Advisorによるアドバイスを受けながら検討を行います。第2章で解説してきた通り、プロジェクトの組成の過程で、関連当事者選定や関連当事者との各種契約で、リスクの発現を抑える各種条件・施策を担保してきました。その条件や施策（セキュリティーパッケージ）が、プロジェクトファイナンスにおいて銀行が要求するリスクコントロールの水準に叶うものかどうかについて、デューデリジェンスの結果を踏まえて改めて確認をするわけです。プロジェクトファイナンスでの資金調達の可能性を見通すことができればスポンサーによる事業性評価は完了となり、最終投資決定（FID：Final Investment Decision）が行われます。

銀行との事前打ち合わせ

この第2章の冒頭で、一般的なプロジェクトの場合、銀行へ融資の相談に行くのは、プロジェクトの関連当事者や各種契約、さらには損益計画やキャッシュフローが固まった後になるが、プロジェクトファイナンスの場合は、プロジェクトを組成する段階から銀行に相談すべきである、と説明しました。

特に、必ずプロジェクトファイナンスでの資金調達が必要な場合は、プロジェクトを組成する段階や事業性評価を行う段階で銀行へ事前相談に行くべきです。投資総額が大きいプロジェクトや、一部のスポンサーの信用力が低いためスポンサーによる債務保証が機能しないプロジェクトは、プロジェクトファイナンスでの資金調達ができないと、プロジェクトを断念せざるを得なくなるため、前広に銀行と相談する事が大事です。

銀行側は、プロジェクトファイナンスを適用する場合に、セキュリティーパッケージとして、どうしても押さえておきたいポイントがありますので、ス

ポンサーがプロジェクトを組成する途中段階であれば、スポンサーに注文を付けることができます。逆に、プロジェクトの関連当事者や各種契約が固まったあとで、銀行から関連当事者や各種契約について、変更要請を受けても後戻りができず、大変なことになります。

　したがって、この章のSECTION 2からSECTION 12までで述べた通り、関連当事者の選定と関連当事者との各種契約締結の過程において、銀行がリスクカバーを要求するポイントを押さえてプロジェクトの組成を行っておくことが大事です。過去前例のないプロジェクトにおいては、必要に応じプロジェクト組成の時点で銀行へ相談に行っても構いません。

　そして事業性評価の中で、改めてプロジェクトファイナンスでの資金調達ができるかどうかの確認を行うわけですが、その確認は Financial Advisor に意見を求めることだけでもよいのですが、この段階で幹事銀行候補や公的金融機関（利用する可能性がある場合）に相談し、銀行の感触を聞いておくことが非常に重要です。銀行はプロジェクトの概要が固まっていないと、融資の相談に応じないと述べましたが、プロジェクトファイナンスは例外であり、早めの相談でも受け付けてくれることが多いので、遠慮せずに相談してみてください。正式な融資申し込みではなくても、銀行は真剣に検討してプロジェクトファイナンスに仕立てるために必要なポイントをアドバイスしてくれるはずです。もちろん、この時点で銀行がプロジェクトファイナンスでの融資を約束することは決してありません。しかし早めの相談がプロジェクトファイナンスの実現可能性を高めることがあります。阿吽の呼吸の相談となりますが、プロジェクトファイナンスでの取り上げ可能性の感触を得ておくことが大切です。このようにすることで後日、銀行へ本格的な相談をする際、銀行内での検討をいち早く進めてもらえることになると思われます。事前相談をせずに、本格的に融資申し込みをした時点で銀行からプロジェクトファイナンスの適用を謝絶され、八方塞がりになってしまっては元も子もありません。事前に感触を聞いておく価値は十分あることはお分かりになるでしょう。

　また、IPP や PFI の事業権入札においては、入札時に応札価格を入れること

でプロジェクトのキャッシュフローがほぼ固まってしまいます。したがって、そのキャッシュフローでプロジェクトファイナンスの資金調達が可能かどうかの感触を銀行から引き出すことは必須となります。先程述べた通り、銀行は決してプロジェクトファイナンスの確約（コミット）はしませんが、事前の感触を聴取しておく必要があります。この点は Financial Advisor とよく協議しながら進めるべきと考えます。

　プロジェクトファイナンスの資金調達可能性を含む事業性評価の結果を踏まえて、各スポンサーは投資決定を行います。このあとは、プロジェクトファイナンスによる資金調達につき銀行と本格交渉を開始していくことになります。

COLUMN　IPP オフテイカーの三重苦

　プロジェクトファイナンスがよく適用される案件の一つが開発途上国における独立系発電事業者（IPP：Independent Power Producer）案件です。開発途上国では経済成長に伴い電力需要が著しく増加しているため、大型発電所の建設が急務となっています。大型発電所の IPP は主に外国資本が中心となって建設を行うため、当該国の投資負担がありません。しかし美味しい話には裏があるように、大型発電所の IPP から PPA 契約に基づき電力を購入する当該国の電力公社（オフテイカー）には、次の 3 つの大きな負担が発生しています（図表 2-8）。

図表 2-8　オフテイカーの三重苦

電力公社の恒常的赤字原因

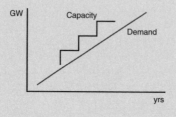

（1）電力需給ギャップのリスク

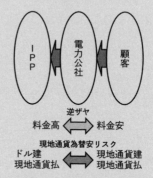

（2）電力料金逆ザヤ
（3）為替安リスク

（1）電力需給ギャップのリスク

　一つ目は、電力購入量に関係なく、キャパシティーペイメントと呼ばれる設備容量に基づく一定料金（容量料金の一種）を電力公社が支払う必要がある点です。キャパシティーペイメントはIPP投資家の資本費の回収に必要なものです。電力需要は線形的に徐々に増加する一方で、電力供給は階段状に増えていきますので、電力予備率を除いて一時的には設備余剰となります。また電力需要は昼夜、季節ごとに変動しますが、キャパシティーペイメントの支払いは変わりません。キャパシティーペイメントは電力の安定供給のためのインフラコストとしてやむ得ない部分ですが、電力公社単体での負担は大きなものになります。

（2）電力料金逆ザヤ

　二つ目は、IPPの買電料金よりも電力公社が受け取る小売電気料金の方が安い場合が多く、電力公社としては逆ザヤになっている点です。発展途上国では国民負担を抑えるため電力料金は低くせざるを得ず、なかなか値上げができません。

（3）為替安リスク

　三つ目は、IPPの買電料金の建値はドル建となっていることが多いこと

です。小売電気料金は現地通貨建ですので、現地通貨がドルに対して下落した場合は、電力公社は為替差損を負担することになる点です。一般的には、開発途上国現地通貨はドルに対して弱くなる傾向にありますので、小売電気料金の値上げができない限り、電力公社の負担は増すばかりとなります。過去アジア通貨危機で現地通貨が大きく下落した際、電力公社がIPPへ買電料金を支払うことができず、IPPのプロジェクトファイナンスがリストラクチャリングされました。

　開発途上国のIPP案件のオフテイカーは国営電力公社などの政府直轄の電力公社である場合がほとんどです。したがってその電力公社の信用力は当該国の信用力と同等のものと思われがちですが、電力公社は赤字体質で財務内容が脆弱であるものが多いのです。この背景には上記三つの負担が一因として考えられます。電力公社の赤字は政府予算で補填されることになりますが、当該予算措置が法律で定められている国は少なく、国の財政状況によっては、電力公社の赤字が放置されている場合もあります。

　本来なら当該国や電力公社が自らの資金で発電所を建設するべきですが、国もしくは電力公社が発電所を建設するために必要な投資資金を外貨借入することになり国家の外貨建債務が増加することになります。アジア通貨危機やリーマンショックで、開発途上国がデフォルトの危機に瀕したように、再び債務危機に陥らないようにするために各国は外貨建債務の増加を抑制しています。開発途上国に融資を行う世界銀行も開発途上国の債務の増加に目を光らせています。S&PやMoody'sなどの格付機関は国家債務（国債）の返済可能性でソヴリン格付を定めています。こうした背景から開発途上国は、国や電力公社による借入の必要なく大型発電所が建設できるIPPに依存しているのです。

　PPA付の大型発電所IPP新規案件は最近少なくなりましたが、PPAの期間は通常20年以上ありますので、上記の電力公社の3重苦は今でも続いています。今後またアジア通貨危機のような現地通貨価値の急落が発生したり、将来電力公社の民営化が進み国からの赤字補填が途絶することになると、オフテイカーに更なる負担がかかることなることから、PPA上の買電料金の支払能力に問題が発生することも考えられます。

第 3 章

プロジェクトファイナンスの検討

プロジェクトの組成ができましたら、いよいよプロジェクトファイナンスによる資金調達を本格的に進めていくことになります。本章では銀行へプロジェクトファイナンスの検討を依頼するまでの準備について説明します。本章から借手（ボロワー）と対峙する立場である貸手の銀行団（含む公的金融機関）のことを「レンダー」と呼ぶことにします。

Financial Advisor の選定

Financial Advisor とは

　プロジェクトファイナンスでの資金調達を行うには、通常 Financial Advisor を雇用します。第2章でも Financial Advisor が登場したことを記憶しているでしょうか。スポンサーがプロジェクトの組成時、プロジェクトの途中での参入（株式の購入）時や、オフテイク契約（PPA 契約や PFI の事業契約）の入札時の事業性評価を行うにあたり、Financial Advisor を雇用していました。本章での Financial Advisor とは、レンダーからの資金調達を目的として雇用するもので、プロジェクトの組成や入札時の事業性評価で雇用していればその Financial Advisor を引き続き雇用します。

　ここからの Financial Advisor とは「資金調達」に関する借手側のいわば家庭教師です。Financial Advisor はプロジェクトファイナンスによる資金調達に限らず、M&A や証券化などにおいても雇用されます。なぜ Financial Advisor が必要なのかと言いますと、①スポンサーがレンダーにプロジェクトファイナンスの検討を依頼するには、様々な資料の準備が必要であり、その準備のサポートを行ってもらうためと、②プロジェクトファイナンスの融資条件は一つ一つがテイラーメイドですので、レンダーとの交渉の中で借手に有利な条件をレンダーから引き出すべく、資金調達のプロフェッショナルである Financial Advisor からアドバイスを受けるためです。

Financial Advisor の選定

　Financial Advisor の選定については、第2章 SECTION 13「スポンサーによる

事業性評価」で説明した注意点に従って慎重に行います。選定のポイントを繰り返し説明しますと、Financial Advisor を選定するには、プロジェクトファイナンスの Financial Advisor として実績のある商業銀行や投資銀行、証券会社といった金融機関か、コンサルティング会社からプロポーザルを提出させて、ビューティーコンテストを経て決定します。Financial Advisor の能力や資質は個々人とチームという人材に大きく依存することから、慎重に選定を行います。組織およびチームリーダーの類似プロジェクトファイナンスでの経験、実績、チームリーダーが他の案件を掛け持ちをしていないか、チーム編成（拠点、モデラー、多言語対応）も確認しておきましょう。

　資金調達のアドバイスを行う Financial Advisor の選定でよく問題となるのは、将来のレンダー候補となりうる Financial Advisor を選ぶかどうかという点です。Financial Advisor は借手側の家庭教師であり、レンダーとは相対する立場にあります。しかし、Financial Advisor に立候補する金融機関のなかには、将来レンダーとなることを希望する金融機関もいます。借手にとってみれば、Financial Advisor はプロジェクトの内容がよくわかっているので、レンダーとなってもプロジェクトを理解してもらいやすいという利点があります。Financial Advisor としても、自分がアドバイスした案件に融資をすることに障害は少ないといえます。Financial Advisor としての手数料が「労多くして益少なし」と見る金融機関は、将来レンダーにも就任し、長期間の融資による金利収入を期待するのです。もちろん Financial Advisor とレンダーを兼務することは、利益相反になりますので、欧米系の金融機関は Financial Advisor を引き受ければ、レンダーには就任しないケースが多いです。一方邦銀はその点柔軟といいますか、Financial Advisor とレンダーの双方に就任することがよくあります。もっとも、利益相反の問題を解決することは可能です。一つは銀行内の Financial Advisor チームとレンダーチームとの間にファイヤーウォールを設定して情報交換を禁止する方法と、ある時点から Financial Advisor 業務は停止し、レンダー業務に切り替える（野球帽（キャップ）をかぶり直す）方法で、大抵は前者のケースが多いです。きちんとファイヤーウォールが設けられるようであれば、将来の

レンダーを前提とした Financial Advisor の雇用も検討すべきと考えます。

Financial Advisor との協議

資金調達方法の相談

　今まで雇用していた Financial Advisor 引き続き使うのであれば、プロジェクトファイナンスの資金調達方法についての相談を進めていきます。もし、資金調達時点で Financial Advisor を新たに雇用した場合は、プロジェクトの概要やリスクについて説明を行います。

　具体的な資金調達方法の相談内容は、①借入（デット：Debt）と出資（エクイティ：Equity）の割合であるデットエクイティ比率をどうするか（これはデットの大きさを決めることなので Debt sizing と言います）、②デットとエクイティのほかに両者の中間的位置付けとなる劣後ローンまたは優先株（これらをメザニンと呼びます）による資金調達も入れるかどうか、③デットは銀行からのバンクローンのほかに短期のつなぎ融資であるミニパーム・ローンや私募債であるプロジェクトボンドを入れるかどうかなどがあります（図表 3-1）。

図表 3-1　資金調達手段の検討

①デットエクイティ比率

Debt		Equity
Debt	Equity	

②Debt、劣後ローン、優先株

Debt	劣後ローン	優先株	Equity

③バンクローン、ミニパームローン、プロジェクトボンド

Debt			Equity
バンクローン	ミニパームローン	プロジェクトボンド	

図表3-2　クラブディールとシンジケーション

①クラブディール

Debt					Equity
A	B	C	D	E	

②シンジケーション

Debt					Equity
A	B	C	D	E	

シンジケーション ⬇

Debt		Equity
幹事銀行	シンジケーション	

A	B	C	D	E	F	G	H	I	J	K	L	M	N	O	

　次に、レンダーの集め方として、①クラブディールとするか②シンジケーションにするかの相談もします（図表3-2）。

　①クラブディールとは、参加予定のレンダーの融資引受額で資金調達必要額を集められることが想定できる場合に使われるもので、レンダーとの交渉は最初から最後まで同じレンダーとの間で行います。交渉の途中でレンダーの脱落が無ければ、調達額が確保されているので、借手としては安心です。

　一方、②シンジケーションは、幹事銀行と交渉して融資条件を固めたあと、他のレンダーの参加を広く募る方法です。後から参入するレンダーは基本的には決定済の融資条件に従うかどうかで参加の可否を決めます。シンジケーションには、アンダーライト方式とベストエフォート方式があります。アンダーライト方式は資金調達額を幹事銀行が確約する方式ですが、ベストエフォート方式は、幹事銀行が資金調達額を確約せず努力義務を負うだけなので、資金調達必要額が集まるかどうかが最後まで分からず、借手にとっては少し不安な面があります。

　このように Financial Advisor は、このプロジェクトに最も適切な資金調達方法は何かという相場観を持っていることと、個々のレンダーとの交渉を一手に引き受けてくれるため、借手側としては大変心強い家庭教師であるわけです。

Information Memorandum の作成

　Financial Advisor との協議によって資金調達方法が固まれば、Financial Advisor が主体となって Information Memorandum と呼ばれる融資対象プロジェクトの情報を詳細に記載した資料を作成します。Information Memorandum をレンダーに提示し、レンダーの参加を促すのです。Information Memorandum はインフォメモとか IM と略されます。

　インフォメモには、①プロジェクトの概要紹介、②スポンサーの紹介、③プロジェクト実施国のマクロ経済動向、④プロジェクトに関する業界動向、⑤プロジェクトの定性情報（関連当事者、関連当事者との契約内容、採用技術、競争力、環境への影響等）⑥資金調達計画、⑦セキュリティーパッケージ、⑧損益計画、⑨キャッシュフローモデル、⑩クローズまでのスケジュールなどを記載します。インフォメモを受領したレンダーは、インフォメモから得られる情報から、融資の可否の目途を判断しますので、記載内容については万全を期す必要があります。インフォメモは一義的には Financial Advisor が作成を担いますが、必要に応じて技術アドバイザーや弁護士、会計アドバイザー、税務アドバイザーにも精査してもらう方がよいでしょう。

　インフォメモをレンダーに提出する前に、インフォメモを簡略化したティーザー（Teaser）と呼ばれる資料をレンダーに配り、レンダーの関心の有無を確認することもあります。

公的金融機関等との目線合わせ

公的金融機関とは

公的金融機関である世界銀行や国際協力銀行（JBIC）は、名前ぐらいは聞いたことがあるかもしれませんが、普通は縁遠い存在であろうと思います。実はプロジェクトファイナンスの世界では公的金融機関は主要プレイヤーであり、プロジェクトファイナンス融資や保証の経験、実績は豊富です。また公的金融機関のうち世界銀行やアジア開発銀行はプロジェクトファイナンスでのFinancial Advisor業務も行っています。

なぜ公的金融機関がプロジェクトファイナンスに参画しているかというと、プロジェクトにおいて開発途上国のポリティカルリスク（国有化や政策変更等）が万一発現した際、スポンサーである民間企業や市中銀行では相手国政府とやり合うには限界がある一方で、公的金融機関は、当該国政府や政府機関に直接交渉できる力があり、プロジェクトのポリティカルリスクを抑制することができるからです。公的金融機関がプロジェクトの融資に参加し、相手国政府と契約を結ぶことで、開発途上国政府の勝手な行動を起こさせないようにする、という意味を「ソヴリンフック」と呼んでいます。

プロジェクトファイナンスに強い公的金融機関には、世界銀行グループやアジア開発銀行、欧州復興開発銀行などの国際開発金融機関と、日本の国際協力銀行（JBIC）や日本貿易保険（NEXI）、米国輸出入銀行（USEXIM）や米国国際開発金融公社（DFC）、ドイツのユーラーヘルメス信用保険会社、復興金融公庫（KfW）といった各国公的金融機関があります。

プロジェクトの資金調達において、公的金融機関等を加えるかどうかを検討しましょう。本邦企業がプロジェクトのスポンサーとなる場合、またはプロ

図表 3-3　公的金融機関を入れた資金調達

・JBIC協調融資の例

Debt		Equity
JBIC	JBIC協調融資 （市中銀行） A B C D E NEXI保険付保	Equity

・JBIC協調融資に他の公的金融機関カバーも入れた例

Debt				Equity
JBIC	JBIC協調融資 （市中銀行） A B C D E NEXI保険付保	A E F G A C Euler Hermes 付保	USEXIM 付保	Equity

JBIC：国際協力銀行、NEXI：日本貿易保険　日本の公的金融機関
Euler Hermes：ユーラーヘルメス信用保険会社　ドイツの公的金融機関
USEXIM：米国輸出入銀行　米国の公的金融機関

ジェクトに本邦企業からの輸出品がある場合は、JBIC や NEXI に相談されることをお勧めします。例えばアメリカやドイツ等からの輸出品がある場合は、各国の公的金融機関（輸出信用機関：ECA（Export Credit Agency））に打診してみてはどうでしょうか。

　図表 3-3 の上の図は、JBIC と市中銀行との協調融資を示しています。協調融資とは JBIC と市中銀行が同じ融資条件（パリパス（同順位）といいます）で融資に参画するもので、市中銀行の協調融資部分には必要に応じ NEXI の海外事業資金貸付保険が付保される場合があります。図表 3-3 の下の図は、JBIC と市中銀行との協調融資に加えて、ドイツの輸出信用機関であるユーラーヘルメス信用保険会社と、アメリカの輸出信用機関である米国輸出入銀行（USEXIM）がドイツおよびアメリカからの輸出金額相当の輸出保険を付保したものです。輸出相当額は市中銀行が貸出を行い、その貸付金に輸出信用機関が保険を付保します。

公的金融機関との早めの相談がプロジェクトファイナンスの成立確率を高める

　Financial Advisorと資金調達方法を協議した結果、公的金融機関等をレンダーに入れることになった場合は、早めに公的金融機関等に頭出しし、相談を開始した方がよいでしょう。公的金融機関等とコンタクトを開始するタイミングは、第２章SECTION 13の「スポンサーによる事業性評価」で述べた通り、①プロジェクトの組成段階からでも、②事業性評価を行う段階でも、③インフォメモを作成する直前でもよいと思います。特に開発途上国における巨額のプロジェクトなど、公的金融機関等の参加が必須と考えられるプロジェクトでは、プロジェクトの組成の段階から、早めに相談した方がよい場合があります。

　なぜならば、公的金融機関等は、「案件の採択判断要素」が、プロジェクトのリスクや融資の償還可能性に加えて、自国のスポンサーやEPCコントラクターの参画度合い、当該案件を支援する意義、プロジェクト実施国の政情、法制度、レンダーのスタンスなど、当該案件を融資や保証で支援するための公的金融機関としての「政策的意義」にあるからです。

　第２章で解説した通り、プロジェクトファイナンスでレンダーが必要とする各種リスクコントロールのポイントを公的金融機関とも擦り合わせて、必要に応じて関連当事者との各種契約に反映させることが大事です。市中銀行は開発途上国のプロジェクトファイナンスでの融資に、公的金融機関等の保証や保険を必要とする場合があります。過去同等のプロジェクトのプロジェクトファイナンスで、輸出信用機関などの公的金融機関等の保証や保険が付いている場合は、同じ輸出信用機関の保証や保険が付くように資機材の調達を考えた方がよいため、プロジェクトの組成段階から相談を始めるべきです。

　更に、公的金融機関等が案件を前向きに検討していることで、市中銀行が参加しやすくなるという面もあることから、プロジェクトの組成段階やFinancial Advisorと資金調達の協議を行う際に、公的金融機関等とセキュリティーパッケージの目線合わせをしておくことが大変重要になります。公的金融機関等が

プロジェクトファイナンスでの融資・保証を検討してもらえるようになれば、プロジェクトファイナンスの成立の確率が高くなります。また、インフォメモに公的金融機関等の参加を前提としているということを記載すれば市中銀行には良い印象を与えられます。

幹事銀行・ロールバンクの選定

幹事銀行のフォーメーション

　インフォメモの作成と並行して行うのが、幹事銀行団のフォーメーションの策定です。幹事銀行とはレンダーとなる複数の銀行のとりまとめ役のことで、マンデーティッド・リード・アレンジャー（MLA）、リードアレンジャー、フィナンシャル・アレンジャーなどと呼ばれます。

　まず、幹事銀行の役割として主に次の業務があります。

①　レンダー間の意見を集約する

②　一定額の融資を引き受ける

③　シンジケーションで資金調達する場合、シンジケーションを実施する

④　公的金融機関等とのコンタクトを受け持つ

⑤　融資調印後の債権管理

　幹事銀行は本来一つの銀行（一行）に特定するものですが、市中銀行はプロジェクトファイナンスでの実績例にしのぎを削っているため、幹事銀行でない銀行のメンツを保つために、幹事銀行を一行に絞らないように見せることが一般的です。このような複数の幹事銀行に対する銀行の呼称は案件によって様々で、レンダーを取りまとめる本来の幹事銀行をMLAと、本来の幹事銀行でない銀行に対してはリードアレンジャーと、呼称することがあります。また本来の幹事銀行でない銀行にはロールバンクと呼ばれる特定の役割を持たせます。このように本来の幹事銀行と特定の役割を与えられた幹事銀行を合わせて幹事銀行団と呼んでいます。その他市中銀行間の調整を行う銀行間幹事行やJBICとの調整を行うJBIC協融幹事行という幹事銀行を置くことがあります（図表3-4）。

幹事銀行	Mandated Lead Arranger	幹事銀行
	Inter-creditor Agent	銀行間幹事
	JBIC & Commercial Lenders Agent	JBIC 協融幹事
デューデリジェンスロールバンク	Technical, Environmental & Social Bank	技術、環境関係銀行
	Documentation Bank	ドキュメンテーションバンク
	Modeling Bank	モデリング（キャッシュフロー）バンク
オペレーションロールバンク	Insurance Bank	保険関係銀行
	Hedging（Swap）Bank	金利ヘッジ銀行
	Working Capital Facility Provider	運転資金供与銀行
	Onshore and Offshore Security Trustee	担保管理銀行
	Performance/Operation Security Deposit Facility Provider	建設保証積立、運転保証積立銀行
	Offshore Account Bank	オフショア口座管理銀行（エスクロー銀行）
	Onshore Account Bank	オンショア口座管理銀行（エスクロー銀行）
	Converting Bank	通貨交換銀行

個別の業務を担うロールバンクの例は以下の通りです。

① デューデリジェンスロールバンク（融資契約調印前までの役割）

・技術、環境関係銀行

・ドキュメンテーションバンク

・モデリング（キャッシュフロー）バンク

② オペレーションロールバンク（融資契約調印後の役割）

・保険関係銀行

・金利ヘッジ銀行

・運転資金供与銀行

・担保管理銀行

・建設保証積立、運転保証積立銀行

・オフショア口座管理銀行（エスクロー銀行）

・オンショア口座管理銀行（エスクロー銀行）

・通貨交換銀行

中心となる幹事銀行（MLA）をどの銀行にするかはスポンサーとしては大変重要な判断となります。Financial Advisor がレンダーとなることを想定している場合は幹事銀行の最右翼でありますし、スポンサーのコーポレートの銀行取引の主要取引銀行（メイン銀行）も幹事銀行候補になりますので、スポンサーが複数の場合はその調整が必要となります。最近はプロジェクトファイナンスでの実績や同種のプロジェクトでの経験を基準に幹事銀行（MLA）を決めることが多いようです。

幹事銀行を希望することが想定される銀行数に合わせる形で、MLA 以外の幹事銀行の役割やロールバンクの数を設定し、幹事銀行団のフォーメーションを作り上げます。プロジェクト所在国に銀行の拠点があるか、また運転資金供与銀行や通貨交換銀行、エスクロー銀行などはその役割を実行できる銀行かどうかが鍵となります。

インフォメモを配布する前に、MLA やその他の役割の幹事銀行、ロールバンクをどの銀行とするかを Financial Advisor とよく相談して、予め内定しておくと、幹事銀行を選定（マンデートと呼びます）する際に慌てることがなくなります。

インフォメモの配布とタッピング

インフォメモができ上がれば、幹事銀行候補や公的金融機関に Financial Advisor を通じてインフォメモを配布します。Financial Advisor と共に直接銀行を往訪し、インフォメモでプロジェクトの概要や資金調達計画を説明し、プロジェクトファイナンス融資の検討を依頼することもあります。またプロジェクトの規模が大きい場合などは、市中銀行を集めてロードショーと呼ばれる説明

会を開くこともあります。

　各銀行での審査がインフォメモによって進むにつれ、銀行の関心度合い（Appetite）が分かってきます。Financial Advisorが銀行に接触して感触を得ることをタッピングと言いますが、Financial Advisorと銀行員とのプロ同志の会話から得られる情報は有益です。広い人脈を持つFinancial Advisorですと、情報に厚みが出て安心です。

　インフォメモを配ってから1か月程度の締切を置き、レンダーから関心表明（Preliminary expression of interest）や融資引受額の提出を受けます。

幹事銀行とロールバンクの確定

　インフォメモを配布した銀行から、関心表明、融資引受額の提示を受けたら、融資引受額の合計が融資期待額を上回るかどうかを確認します。もし上回るようであれば、シンジケーションの必要はなくなり、クラブディールとなります。クラブディールはSECTION 2で説明した通り、参加予定の銀行で資金調達必要額を集められることが想定できる場合に使われるもので、資金調達不足の心配がありません。融資引受額の合計が融資期待額を下回る場合は、シンジケーション（ベストエフォート方式）が必要となります。シンジケーションは幹事銀行と交渉して融資条件を固めた後、他の銀行の参加を広く募る方法です。調達必要額が集まるかどうかが最後まで分からないため、借手にとっては不安が残ります。

　次に各銀行の融資引受額の大きい順から幹事銀行やロールバンクを割り当てていきます。ただし、先に述べた通り、Financial Advisorを幹事銀行候補とするか、コーポレート銀行取引の主要取引行（メイン行）の扱いをどうするか、プロジェクトファイナンスでの実績をどう見るか、シンジケーションの場合はシンジケーション（他の銀行の参加を募る）能力があるか、などを考慮に入れなければなりません。またロールバンクはそのロールの機能や資格があるかどうかが就任の条件になります。複雑なピースを埋めるようにして、幹事銀行団の

フォーメーションが固まります。各銀行に Financial Advisor から幹事銀行の内示をしますと、ライバル関係にある相手行よりも下位のステータスに甘んじることができない銀行は、Financial Advisor やスポンサーに対して上位のステータスに変えてほしいと要請してくることがあります。一旦決めたパズルのピースを動かすと、他の銀行への影響が出るため、収拾がつかなくなる恐れがあります。これからはプロジェクトファイナンスのタフな交渉と長期間の融資があり、各銀行とは長い付き合いになりますので、なるべくスムーズに幹事銀行またはロールバンクに就任してもらいたいところですが、全ての銀行に満足してもらうことは至難の業です。この幹事銀行やロールバンクの選定は、Financial Advisor の手腕が問われるところとなります。

　幹事銀行とロールバンクが確定すれば、その銀行に対しマンデートレターを交付します。次は、いよいよキックオフミーティングです。キックオフミーティングで銀行団との交渉が正式に始まります。

案件への参入タイミング

　プロジェクトにスポンサーとして参入するタイミングは、操業開始前からの参入と操業開始後の参入と大きく二つに類別され、前者をグリーン案件と後者をブラウン案件と呼びます。さらにグリーン案件では、一からの案件開発やPPA等の入札時からスポンサーとなるものと、開発の途上や建設中から参入するものがあります。第2章で説明したプロジェクトの組成はまさしくグリーン案件になります（図表3-5参照）。

　グリーン案件とブラウン案件のメリット・デメリットは次の通りです。

　グリーン案件はプロジェクトを組成できても、入札に負けるとか、許認可が得られなかったために、プロジェクトが頓挫し投資資金が水泡に帰すことがあります。もしうまく完工を迎え配当が得られるようになれば、高いリターンが得られますし、保有株式にプレミアム（割り増し金）を付けて売却することができます。

　一方で、ブラウン案件は操業が開始されており、キャッシュフローが生み出されているので、プロジェクトが頓挫するリスクは極めて低い一方、株式取得時にプレミアムを支払う必要があることから、リターンは低めとなります。つまり、グリーン案件はハイリスクハイリターン、ブラウン案

図表3-5　プロジェクトの進捗と参入時期

Green 案件・Brown 案件

関係当事者の組成	銀行への打診	事業性評価	契約交渉				建設工事	運転		プロジェクト満了
			オフテイク契約等落札および契約締結	EPC契約締結	原燃料契約締結	O&M契約締結 融資契約締結		料金回収	融資返済	

Green案件	Green案件の中途参入	Brown 案件

件はローリスクローリターンというわけです。

　ブラウン案件は、プロジェクトの株式を既存株主（スポンサー）から入札を通じて買い取ることになるわけですが、その際には、第2章SECTION 13で説明したのと同じような事業性評価を行います。各アドバイザーによるデューデリジェンス結果をもとに、Financial Advisor が作成したキャッシュフローからIRR等の採算性指標を算出し、社内のハードルレートと比較し、投資を決断します。またブラウン案件は、プロジェクトファイナンスなどの融資がすでについているので、新たに資金調達をすることはありませんが、プロジェクトのリターンを上げるため、借り換え（リファイナンス（第5章SECTION 6「リファイナンス」参照））をすることがあります。

　皆さんの会社は、グリーン案件とブラウン案件のどちらを志向されるでしょうか。

第 4 章

レンダーとの交渉

幹事銀行団が決まり、いよいよレンダーとの交渉が開始されます。キックオフミーティングからレンダーとの交渉が始まり、融資契約の調印まで続くことになります。このレンダーとの交渉はどのようなプロセスで行われるのか、またどのような論点があり、どのように協議を進めれば、借手に有利となるのかについて説明していきます。

　レンダーとの交渉過程について、図表4-1で主なステップをまとめました。

図表4-1　レンダーとの交渉過程

ステップ	検討事項
キックオフミーティング	プロジェクトの概要説明、検討ポイント、スケジュールの確認
レンダーによるデューデリジェンス	レンダーサイドのアドバイザーを使って、リスク分析を行う
レンダーキャッシュフローの策定	レンダーのキャッシュフローモデルを作り、感度分析を行う
セキュリティーパッケージの交渉	特定されたリスクをどの当事者がどう負うかについて交渉する
キャッシュフローの交渉	キャッシュフローモデルを合意する
タームシートの作成	合意内容を融資契約の基本骨子であるタームシートに落とし込む
ドキュメンテーション	融資契約、関連契約を作成する
調印	サイニング（Dry Close）
貸出先行要件の充足	CFモデルの最終確認、金利スワップ、担保設定、法律意見書取得等
貸出実行	初回貸出を行う（Wet Close）

キックオフミーティング

　キックオフミーティングとは、幹事銀行団（含む公的金融機関）であるレンダーとボロワーである SPC そして SPC のスポンサーとが、初めて一堂に会し会議を行うものです。今までは基本的には SPC が Financial Advisor を介して、銀行の本プロジェクトファイナンスの関心を確認し、幹事銀行やロールバンクと打ち合わせしてきました。キックオフミーティングは SPC、スポンサーその他関係者と、レンダーとが正式に直接面会する場になります。

　キックオフミーティングは、名刺をお互い交換することで始まります。Financial Advisorがキックオフミーティングを本日の会議の予定を説明したあと、出席者がそれぞれ自己紹介を行います。

　キックオフミーティングの議案の例は下記の通りです。

①　プロジェクト全体および資金調達のスケジュール（Project and Financing Timeline）

②　プロジェクトの概要説明（Project Overview）

③　プロジェクトの足元の進捗状況（Project Update）

④　資金調達計画（Financing Plan）

⑤　レンダーデューデリジェンスの説明（Lenders' Due Diligence Process）

⑥　交渉スケジュール詳細（Detailed Financing Timeline）

⑦　足元の作業と配布資料説明（Immediate Actions and Deliverables）

⑧　質疑応答（Q&A）

上記①から③は、表題通りの説明を行います。

（1）資金調達計画

　上記④の資金調達計画は Financial Advisor と計画したプラン（第 3 章 SECTION 2）を説明します。借入と出資の割合、借入の種類、出資の種類、ク

ラブディールかシンジケーションか、公的金融機関を入れるか、といった点を説明します。セキュリティーパッケージやキャッシュフローの概要については、ケースバイケースで説明を行います。特に過去の同様のプロジェクトのリスクに比べて、今回のプロジェクトのリスクが異なる場合はその点を解説しておいた方がよいと思います。Financial Advisor と検討して来たセキュリティーパッケージやキャッシュフローは、幹事銀行や公的金融機関に内々相談して来たものであっても、それを初めて聞くレンダーから質問や意見が出ることがあります。その質問や意見に対して誠実に対応すると共に、そのレンダーが納得したかどうか、また納得できていない場合は引き続きフォローしておくことが大事です。また銀行には横並び意識があり、得られる情報が他行よりも遅れることに敏感ですので、キックオフミーティング以降、情報提供は常に平等に行うように心掛けねばなりません。

(2) レンダーデューデリジェンス

上記⑤のレンダーのデューデリジェンスについては、SECTION 2で詳しくその手法を述べます。レンダーのデューデリジェンスとは、簡単に言えば、レンダーが「レンダー独自の」弁護士、会計士、アドバイザーを雇い、プロジェクトのデューデリジェンスを実施し、その結果を用いてレンダーが事業性評価を行うものです。キックオフミーティングまでにレンダーの弁護士、会計士、アドバイザーを選定していれば、その弁護士、会計士、アドバイザーを承認し、弁護士、会計士、アドバイザーによる今後の作業予定を説明します。もしレンダーの弁護士、会計士、アドバイザーを決めていない場合は、その選定プロセスについて、幹事銀行やロールバンクが説明をし、レンダーからの意見を調整します。レンダーの弁護士、会計士、アドバイザーはレンダーが選定するので、SPCからは意見できないのですが、弁護士、会計士、アドバイザーのフィーはプロジェクトにとって大きな負担になりますので、費用抑制の観点から、SPCもしくはスポンサーが、アドバイザー先（特に弁護士）の希望を伝え、場合によっては費用の上限を設けるように依頼します。キックオフミーティングまで

に幹事銀行やロールバンクと相談の上、レンダーの弁護士、会計士、アドバイザーを予め決めておいた方がスムーズにいくでしょう。

(3) スケジュール

　上記⑥の今後の詳細なスケジュール調整は大事なポイントです。キックオフミーティング後の主なスケジュールは図表 4-1 の通りですが、スケジュール策定において下記の事項がそれぞれ完了する時点を定めておく必要があります。

- ・レンダーデューデリジェンスの完了時点
- ・タームシートの合意時点
- ・契約書作成（ドキュメンテーション）期間
- ・シンジケーション期間（必要な場合のみ）
- ・契約調印日（ドライファイナンスクローズ（Dry Close））
- ・貸出先行要件の充足期間（CP：Conditions Precedent）
- ・貸出実行日（ウェットファイナンスクローズ（Wet Close））
- ・着工時点日

プロジェクトファイナンスの交渉は大変長丁場です。キックオフミーティングから契約調印（Dry Close）まで、最速で 3 か月とみておいてください。普通は半年間、長いと 1 年近くかかります。なぜならレンダーのデューデリジェンスにおけるアドバイザーの作業が少なくとも 1 か月を要する事、またセキュリティーパッケージ、キャッシュフロー、タームシートの合意には関係者間の意見交換があり、関係者全員が集まる会議（バンクミーティング）はどうしても間隔が空くためです。またレンダー各行での内部決裁にも時間を要するのが常です。SPC にとって資金調達の目標は、契約調印日（Dry Close）ではなく、貸出実行日（Wet Close）です。契約調印日から貸出実行日までの貸出先行要件の充足に 1 か月から 3 か月かかることがありますので注意が必要です。SPC が EPC コントラクターへ建設開始を指示できるのは、契約調印日（Dry Close）ではなく、貸出実行日（Wet Close）以降になります。

　したがって、キックオフミーティングでのスケジュールの確認は非常に重要

であり、お互いに無理のないスケジュール感を共有します。レンダーにとっての目標は銀行内の決裁を必要とする契約調印日（Dry Close）となるため、Dry Close の日時をしっかり確定させます。5月の連休や夏休み、クリスマスや年末年始など常識的に活動が鈍る期間も想定しておくことが必要です。Dry Close の目標を年末や3月末などの決算期にすると、レンダーは調印の実績計上や各種フィーの収益計上ができるため、レンダーには都合が良く、インセンティブになりますので目標設定日の参考にして下さい。しかし経験上、キックオフミーティングで決めたスケジュールが守られることは少なく、様々な事由で契約調印日（Dry Close）や貸出実行日（Wet Close）が遅れますので、SPC としては余裕をもったスケジュール策定が必要です。特に PPA や事業契約上で貸出実行日（Wet Close）期限が定められている場合や、EPC 契約や建設保険契約の見積りに期限が設定されている場合は、貸出実行日（Wet Close）に予め余裕をもったスケジュールを設定しておくべきと考えます。上記⑦⑧は表題通りの説明を行い、キックオフミーティングが終了します。

レンダーによるデューデリジェンス

　レンダーによるデューデリジェンスとは、SPCから提示された各種契約書や情報に基づき、詳細なリスク分析を行うことです。インフォメモでは限られた情報しか入手できませんが、デューデリジェンスでは全ての契約書を直接読み込むことにより、更なるリスクの発見、リスクの評価を行っていきます。当然ながら技術面、法律面で専門的なレベルとなりますので、レンダーがレンダーのための弁護士・会計士・アドバイザーを雇って調査を行います。

　スポンサーは自身の事業性評価を行う際、アドバイザーを雇用して、報告書を入手していることがありますが、レンダーデューデリジェンスでは、敢えてそのアドバイザーとは別のアドバイザーを選定します。これはスポンサーと同じアドバイザーでは利害関係（コンフリクト）が生じるためであり致し方ありません。ただし、そのアドバイザーを雇用するための費用はSPCが負担します。

　図表4-2にレンダーデューデリジェンスのために雇用する各アドバイザーの対象業務を表しています。業務量が大きいのは、技術アドバイザーと弁護士です。技術アドバイザー（IE：Independent Engineer、またはLTA：Lender's Technical Advisor）はEPC契約、O&M契約等を読み込んで、建設・操業面で技術的にリスクがないかを調査します。弁護士はプロジェクトのあらゆる契約書をレビューして、法律の観点から問題点や契約間の齟齬がないかを確認していきます。またマーケットリスクを負うプロジェクトの場合は、マーケットアドバイザーが市場環境・需給関係・価格等の推定を行います。会計・税務アドバイザーはプロジェクトの現地での会計制度や税務にどのような懸念や問題があるかを調べるほか、今後策定するキャッシュフローモデルにバグや計算間違いがないかを監査することも担当します。保険アドバイザーは、建設中や操業中に、どのような保険がどの程度の付保額を必要とするか、またその保険が将来の保険マーケットで調達可能かどうかを調査します。環境社会配慮アドバイ

・デューデリジェンスはスポンサーとしては開発段階から実施済事項であるが、ファイナンス組成に際して別途レンダーサイドのアドバイザーを雇用する必要がある
・各アドバイザーの意見を踏まえリスクの特定、分析、評価を実施する

アドバイザー	対象業務
技術	完工、操業、CF の妥当性、感度分析
弁護士	プロジェクト関連契約分析、ライセンス契約の有効性、セキュリティ（担保）の適切性、契約書作成、法律意見書の作成、現地法弁護士も必要
マーケット	市場リスクを負う案件での、価格、販売リスクの評価、原材料の調達のアベイラビリティ
会計・税務	会計・税務の確認、CF モデルの監査
保険	保険ポリシーの評価・提案、保険のアベイラビリティ調査
環境社会配慮	ESIA の分析　カテゴリー分類、環境許認可・現地での説明、汚染対策、自然環境、社会環境

ザーは、プロジェクト所在国によって実施された環境影響評価（EIA：Enviromental Impact Assessment、ESIA（環境社会影響評価、Enviromental Social Impact Assessment）とも呼ばれる）について検証を行うほか、アドバイザーとレンダーが現地調査を行うこともあります。

　レンダーデューデリジェンスにおける SPC 側の注意事項について述べておきます。レンダー側のアドバイザーから資料提供の要請がありますので、プロジェクトに関する各種契約書類や許認可等の公的書類などをきちんと整理した上で、正確な資料を網羅した形で準備する必要があります。資料の整理の仕方はアドバイザーに分かり易いように、建設関係、技術関係、操業関係、保険関係などの分野別にしておくとよいでしょう。さらにレンダーの視点に立ってプロジェクトのリスクごとに目次を作ってもよいかも知れません。アドバイザーは真実を見抜く経験値に長けていますので、都合の悪い情報を開示しないとか、質問に対して曖昧な回答をしないようにします。過去のプロジェクトにはなかった新技術を使用するプロジェクトでは、スポンサー自身の事業性評価で使用したデューデリジェンス資料を積極的に開示するのもよいと思われます。

　資料の開示には、バーチャルデータルーム（VDR）と呼ばれる、クラウド上に情報を電子化し、安全に共有する仕組みが使われています。VDRはアクセス権限や閲覧履歴の管理が強化されたセキュリティの高いものです。

　各分野の（例えば技術）アドバイザーによる調査結果はレポートとなって、一旦その分野のロールバンク（例えば技術関係銀行）へ送付されます。レポート内では、プロジェクトリスクのインパクトの大きい順にレッド、イエロー、グリーンなどの色分けがなされ、リスクのプロジェクトに与える影響が分析されています。これらのレポートにもとづいてそのロールバンクが報告書にまとめ、全レンダーへ報告書を送付します。報告書をもとにして各レンダーがレンダーデューデリジェンスを実施したのち、そのロールバンクが中心となって、レンダー間の協議を行います。SPCやスポンサーは、レンダーデューデリジェンス中、レンダーやそのアドバイザーからの資料提供要請や質問の対応に追われ基本は受け身になりますが、レンダーやアドバイザーの分析が極端であったり、解釈が違う場合は議論になることがあります。それが今後のセキュリティーパッケージの交渉の前哨戦となります。

　レンダー間の協議の結果、レンダーがリスクと考えるポイントが抽出され、そのリスクがどの程度の確率で発生し、発生した場合にプロジェクトのキャッシュフローにどの程度の影響を与えるかを検討していくことになります。

レンダーキャッシュフローの策定

レンダーキャッシュフローモデルとは

　レンダーのデューデリジェンスに目途が立てば、レンダーはキャッシュフローモデルの策定に入ります。キャッシュフローモデルを担当するロールバンクが中心となって、レンダーモデル（またはバンクモデルと呼びます）と呼ばれるキャッシュフローモデルを構築します。プロジェクトのリスクの発現は最終的には SPC のキャッシュフローに反映されます。プロジェクトのリスクをコントロールすることは、イコールキャッシュフローをコントロールすることです。このキャッシュフローのコントロール次第で、レンダーへの償還確実性やスポンサーのリターンが変わります。

　SPC は事業性評価の時点でプロジェクトのキャッシュフローモデル（スポンサーモデル、またはプロジェクトモデルと呼びます）を作成し、インフォメモに添付したり、キックオフミーティング以降のレンダーデューデリジェンス用資料としてレンダーに提供していますが、レンダーはレンダー独自のキャッシュフローモデルを作ります。キャッシュフローモデルとしてはレンダー作成のものとスポンサー作成のものとは基本的に一緒です。

　ここでキャッシュフローモデルのポイントをまとめておきたいと思います。プロジェクトファイナンスのキャッシュフローモデルは、資金の出入りを示したものであり、難しく考える必要はありません。財務諸表のキャッシュ・フロー計算書は営業活動によるキャッシュフローの税引前当期純利益から始まりますが、プロジェクトファイナンスのキャッシュフローは、プロジェクトの収入からコストを引いていく、現金ベースのもので、いわばお小遣い帳のようなものです。

キャッシュフローモデルは簡単に表しますと、次のような並びとなります。

（建設期間）	2021 年	2022 年	2023 年
期初現金残高	0	5	10
＋出資金	50	100	100
＋借入	100	200	200
－資本支出	140	280	285
－金利（支払う場合）	5	15	25
期末現金残高	5	10	0

（操業期間）		2024 年	2025 年	2026 年	…	2033 年
期初現金残高		0	0	0		0
＋事業収入		500	500	500		500
－原燃料費		300	300	300		300
－操業費		70	70	70		70
－税金		5	5	5		5
－Debt Service		75	72.5	70		52.5
うち	－金利	25	22.5	20		2.5
	－元本	50	50	50		50
Debt Service Reserve 積立（－）取崩（＋）		－50	0	0		＋50
－配当		0	52.5	55		122.5
期末現金残高		0	0	0	…	0

Debt Service や Debt Service Reserve といった聞き慣れない単語が出てきますが、後程この SECTION で説明します。

前提条件と感度分析

ここからはレンダーがレンダーキャッシュフローモデルをどのように分析していくかを説明します。レンダーキャッシュフローモデルには、レンダー

デューデリジェンスによって判明したリスク項目が前提条件に取り入れられます。当然ながら、スポンサー作成のキャッシュフローモデルの前提条件よりもレンダーキャッシュフローモデルの前提条件の方が保守的ですので、SPC はその前提条件に蓋然性があることを確認します。例えば操業率の前提条件であれば、過去の同類のプロジェクトの操業率の実績や EPC コントラクターの性能保証条件と比較するなどして前提条件が極端に保守的な設定でないかどうかを確認します。

次にレンダーは感度分析を行います。感度分析とは前提条件のある要素を変動させてキャッシュフローの変化を観察する分析のことです。感度分析の例は新技術を採用しているため、建設期間が延びる可能性がある、操業が安定するまでに一定の時間がかかる、操業率が低下する可能性があるという懸念事項が現実となった時に、キャッシュフローがどう変化するかを確認するものです。感度分析では前提条件を変更し負のインパクトを与えることによって、キャッシュフローがどのように変化し、融資の返済にどう影響し、返済不可能になるかどうかを測定します。

感度分析に用いる前提条件の変更とはどういったものかを説明します。多く使われるのは、損益計算書の主要な数値である、売上高（売上単価、売上数量）、売上原価（原燃料費、固定費など）、売上総利益（粗利益）、為替レート、借入金利、インフレ率などです。また建設費の上昇、操業面では操業率や歩留まり率なども感度分析に用いられます。これらの数値をベースケースよりも数％増減させ、融資の返済に影響が現われるのはどこからかを分析します。SPC は前提条件の時と同様にレンダーの感度分析が極端に保守的な設定となっていないかを確認します。

ただここで大事なことは、例えば売上単価が下がる場合の感度分析をするために、「全ての期間において」売上単価をベースケースより数％減少させるのかどうかということであり、よくレンダーと議論してください。例えば、その商品がコモディティーであり、循環的に価格の上下を繰り返す場合は、「全ての期間において」単価を数％減少させるのではなく、価格低迷期を何年間かの

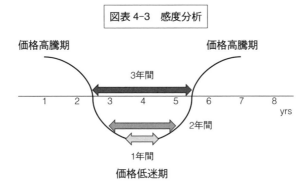

図表 4-3　感度分析

幅で置くことを考えましょう。価格低迷期が続いても数年経てば価格は回復すると考え、価格低迷期が一定年数続いた時に、融資の返済に耐えられるかどうかを分析できればいいわけです（図表4-3）。

キャッシュウォーターフォールと DSCR

　融資の返済に支障が生じるかどうかは、主に DSCR（Debt Service Coverage Ratio）を使って判定します。DSCR の概念を説明するにあたり、キャッシュウォーターフォールを理解しておく必要があります。キャッシュウォーターフォールとは、プロジェクトの操業期間におけるキャッシュフローの流れを図示したもので、資金が滝のように上流から下流に流れているように見えるため、キャッシュウォーターフォールと呼んでいます（図表4-4）。

　まず、事業収入は Revenue Account（収入口座、Revenue A/C）に入金されます。そこから Operation Account（運営費口座、Operation A/C）に資金が移動し、Operation A/C から操業費用（操業費、原燃料費、税金）が差し引かれます。次に Debt Service Account（元利金返済口座、Debt Service A/C）に資金が移転され、Debt Service A/C から借入の元本、金利、各種 Fees が差し引かれます。Operation A/C から Debt Service A/C に移転される資金を CFADS（Cash Flow available for Debt Service）と呼びます。そののち Debt Service A/C から Debt

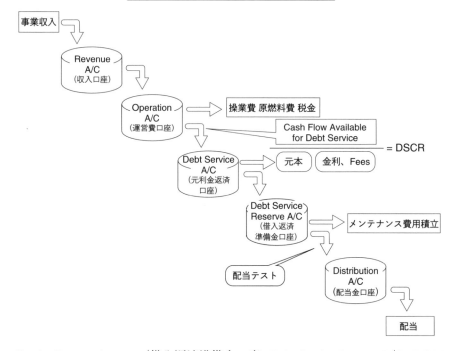

図表 4-4　キャッシュウォーターフォール

Service Reserve Account（借入返済準備金口座、Debt Service Reserve A/C、DSRA
と略します）に資金が移転され、次回もしくは次々回の返済元本・金利相当資
金を積み立てます。Debt Service Reserve A/C はプロジェクトの操業が何らかの
理由で停止した場合、返済資金の不足が発生しないように予め返済資金を確保
しておくためのものです。SPC は自身のプロジェクト以外に収入がないため、
収入が途絶した時に備えて、必ず Debt Service Reserve A/C の設定を行います。
この Debt Service Reserve A/C に資金の積立ができれば、メンテナンス費用のた
めの積立を行います。そのあとの余剰資金は Distribution Account（配当金口座、
Distribution A/C）に移転され、この口座からスポンサーへの配当が行われます。
配当が行われれば、SPC から資金が外部流出し、レンダーへの返済には回りま
せんので、Distribution A/C へ資金移転する際には、配当テスト（Distribution
Test）が実施されます。配当テストとは、配当として外部に資金流出してもプ

ロジェクトのキャッシュフローに「将来」支障が生じるような兆候がないか（操業は順調か、財務諸表に問題はないか）を確認するものです。

　最後に DSCR（Debt Service Coverage Ratio）について説明します。DSCR は、一定期間（元本返済間隔）に Operation A/C から Debt Service A/C に移動される資金を「分子」に、次回返済予定元本・金利・Fees 金額（これを Debt Service と呼びます）を「分母」とした割合です。これは次回返済予定の Debt Service に対して、何倍の資金が Operation A/C から移転されてくるかを示します。つまり、Debt Service に対し Debt Service に充当可能な資金が何倍あるか、どれほどの余裕があるかを示すものです。DSCR が 1.0 を超えていれば返済可能であることを示します。通常はキャッシュフローの変動に備えて、1.5 や 2.0 といった 1.0 を超える数値が DSCR の目安となります。DSCR の「分子」は Debt Service に充当できる資金という意味から、CFADS（Cash Flow Available for Debt Service）と呼びます。DSCR はプロジェクトファイナンスの返済可能性を端的に示す大変重要な指標です。

　先程の感度分析を経てレンダーのキャッシュフローが固まります。もしレンダーが返済の可能性に不安を感じることがあれば、キャッシュフローに様々な工夫を加えていく必要があると考えるようになります。キャッシュフローへの工夫こそがキャッシュフローのコントロールとなります。キャッシュフローのコントロールについては、SECTION 5 の「キャッシュフローの交渉」で詳しく説明します。

セキュリティーパッケージの交渉

　レンダーデューデリジェンスによって事業性評価が行われ、レンダーキャッシュフローモデルが完成すれば、セキュリティーパッケージの交渉が始まります。セキュリティーパッケージとは、プロジェクトに存在する様々なリスクを抽出し、そのリスクの発現する確率を踏まえて、リスクを制御できる最も適切な関連当事者がリスクを負担する仕組みのことです。レンダー、SPC 間でセキュリティーパッケージが合意されることにより、プロジェクトファイナンスの融資が可能となります。セキュリティーパッケージの協議こそが、プロジェクトファイナンスの交渉の最大の山場となります。

　レンダーはプロジェクトの各リスクに対して「リスク分析」や「リスクコントロール」を行うと以前述べました。プロジェクトに網を掛けて、リスクの拾い漏れのないようにするのが「リスク分析」であり、そのリスクの発現する頻度・確率を考察した上で、リスクが発現したときの「対処策」を定めて、リスクの穴をできる限り塞ぐことが「リスクコントロール」です。

　レンダーとの協議はどうしてもレンダー主導で行われるので、このリスク分析の観点から議論が始まることが多いですが、リスクのひとつひとつを検討していくわけではなく、レンダーデューデリジェンスの結果得られたポイントとなるプロジェクトのリスクが論点として提起されます。レンダーと SPC はその論点について、両者の観点からのリスクの評価、リスクコントロールの必要性、リスク負担の在り方（どの当事者がどのように負担するか）を議論することになります。

　第 2 章で説明した通り、スポンサーがプロジェクトを組成する段階から、関連当事者や関連当事者との各種契約において、レンダーが懸念を抱くリスクが発生しないようにプロジェクトを組成していれば、レンダーの満足するセキュリティーパッケージになっているはずです。本 SECTION ではレンダーの視点

（図表 2-1「プロジェクトリスクの例」参照）からセキュリティーパッケージを詰める中で、議論になりやすいポイントを説明します。第 2 章のプロジェクトの組成で指摘した点の繰り返しになる部分がありますが、改めての確認と理解してください。

　セキュリティーパッケージの内容に入る前に、レンダーとの交渉にあたって意識しておくべき点をまとめてみました。

　借手である SPC やスポンサーのインタレストと、レンダーのインタレストは全く違いますので、それぞれ立場の基本ポジションは異なります。両者の基本的なポジションは以下の通りです。

（SPC・スポンサーサイドの要望）

　・エクイティ IRR を高める手段を追求したい

　・スポンサーのサポートは極力少なくしたい

　・SPC やスポンサーが追加に負う義務は極力少なくしたい

　・借入金利、手数料はなるべく減らしたい

（レンダーサイドの要望）

　・返済に支障の出ないようキャッシュフローの厚みと安定性を増したい

　・信用力変化の防止①　資産変化（資産売却、ビジネスの変更等）の防止

　・信用力変化の防止②　負債悪化（追加借入・資産の担保設定等）の防止

　・信用力変化の防止③　キャッシュフローの変化の防止（配当制限等）

　・信用力変化の防止④　重大な悪影響（MAC：Material Adverse Change）の防止

　・信用力変化の防止⑤　財務健全性の維持（財務制限条項）

　・債務不履行事由（Event of Default）発生時にプロジェクトをコントロールできるようにしたい

　レンダーは当然に硬いポジションを提示し SPC やスポンサーに様々な負担を求めてきますので、SPC やスポンサーは反論していきます。レンダーとの間にはリスクの評価の違いやそのリスク発現時のインパクトの度合いなどで大き

な隔たりができますが、各種アドバイザーや弁護士の意見を聴取し、Financial Advisor のアドバイスを踏まえるなどして相互が妥協できる策を見出していきます。

またレンダーとの交渉に臨むにあたって、以下の点に留意しておきましょう。

- レンダーとの交渉の臨む前に、論点を予想し、自社のポジションおよび代替案を決めておきます
- レンダーから論点を提起された際、きちんと理解できるまで時間を取り、弁護士とよく相談します
- 弁護士に丸投げしないよう、最終的な責任は自分にあることを自覚します
- 事務手続き箇所は社内規定、社内手続等と十分整合することを確認します
- 教訓として言えることは、交渉の場で論点になるポイントが原因となって融資契約締結後現実に問題が発生するケースが多いことです。

セキュリティーパッケージ構築にあたってのレンダーとの交渉の主な論点とそのリスクコントロール策は以下の表の通りです。

その後、各論点でのレンダーの主張とスポンサーまたは SPC の主張を見ていきます。

【プロジェクトリスク】

検討項目	レンダーとの論点	難度の高い交渉となる論点
コマーシャルリスク		
スポンサーリスク	(1) 出資維持義務	◎
	(2) 出資金等の資金拠出義務	○
	(3) 出資金拠出方法	○
	(4) 株主意思決定メカニズム	○
完工リスク	(1) 建設契約の構成・内容	◎

120

	(2) コントラクターの実績	○
	(3) 完工認定	◎
	(4) 予備費	○
技術リスク	(1) 新技術リスク	○
操業リスク	(1) 操業体制	◎
	(2) オペレーターの実績	○
	(3) メンテナンス体制	○
オフテイクリスク	(1) オフテイク契約条件	◎
	(2) オフテイカー信用力	○
原燃料供給リスク	(1) 供給能力	○
	(2) 供給期間	○
	(3) 供給条件、値決め、支払通貨	○
環境社会リスク	(1) ESIA の実施等	◎
ポリティカルリスク		
接収・収用・国有化リスク	(1) 接収・収用・国有化時の対応	○
戦争・内乱・暴動・テロリスク	(2) 戦争・内乱・暴動・テロ発生時の対応	○
法制・許認可変更リスク	(3) 法制・許認可変更時の対応	○
政府・国営企業等による債務（義務）不履行リスク	(4) 政府の債務（義務）不履行時の対応	◎
外貨交換・外貨送金リスク	(5) 外貨交換・外貨送金規制時の対応	◎
フォースマジュールリスク		
損害保険付保	(1) 事故・災害発現の蓋然性、脆弱性	○
	(2) 保険の付保内容	◎
	(3) 保険会社信用力	○

【商務条件】

検討項目	レンダーとの論点	難度の高い交渉となる論点
スポンサーサポート	(1) 現金相当のサポート	◎
	(2) 現金相当以外のサポート	◎

貸出条件	(1) 貸出金利（マージン）	◎
	(2) ヘッジ（Interest hedging requirement）	◎
	(3) 手数料水準（Fees）	◎
	(4) 貸出実行可能期間（Availability Period）	○
	(5) 貸出先行要件（CP）	◎
	(6) 貸出単位、貸出回数、事前連絡	○
	(7) 期限前返済（Prepayment）	◎
	(8) 表明保証（Representations and Warranties）	◎
	(9) 誓約条項（Covenants）	◎
	(10) 債務不履行事由（Event of Default）	◎
	(11) 担保（Security）	◎
	(12) 準拠法	○
	(13) 配当テスト	○
キャッシュフロー	SECTION5 で詳説	◎

スポンサーリスク

　プロジェクトはスポンサーが戦略、事業運営の方針を決定します。そのため当該スポンサーの当該業界、プロジェクト所在国における実績、経験がプロジェクトの信用力や業務遂行力に影響します。したがって、プロジェクトファイナンスであっても、スポンサーが最大のリスクコントローラーであることから、スポンサーの能力（企業信用力・実績等）はレンダーの関心事項となります。またスポンサー間の役割分担、責任体制、合意形成について契約上の内容以上に細かく説明が求められます。

(1) 出資維持義務

レンダー側

　実績を持つスポンサーの関与を保つため、株式譲渡制限、出資維持義務をレ

122

ンダーが規定することがあります。レンダーはSPCの運営が大きく変わることに否定的なので、スポンサーの（出資割合やメンバーの）変更を原則認めようとしません。変更を認める場合は複雑なルールとすることが多いです（例：調印時の株主の一定シェアの維持、新規参入者の実績や高格付の外部格付を条件とする等）。

カ スポンサー・SPC 側

　スポンサーとしては、できる限り退出の自由度を確保し、株式譲渡先に制限を受けないようにすることです。譲渡制限を受けるとしても、操業開始後（例えば3年後以降）は自由に退出可能とするといった逆提案をするべきです。

(2) 出資金等の資金拠出義務

カ レンダー側

　レンダーがスポンサーの資金拠出能力に懸念を持つ場合は、銀行保証状（L/C）の差入れまたは現金の拠出を求めます。また信用力が高く銀行保証状が必要ないスポンサーであっても、将来当該スポンサーの格付機関（S&Pや Moody's）による格付が一定レベル以下（例えば BBB－や Baa3 未満）に低下した場合には、銀行保証状の差入れを約束するよう求めてきます。

カ スポンサー・SPC 側

　銀行保証状の差入れが必要となる格付機関格付の基準をなるべく低位の（信用力の低い）格付にします。また S&P や Moody's の双方の格付が一定レベル以下になった時とします。

(3) 出資金拠出方法

　建設期間中にスポンサーが拠出する出資金（Equity）とレンダーが貸出実行する貸出金（Debt）の順番には、大きく以下の4つの方法があります。

　Equity First： 貸出金より先に出資金を払い込むもの。出資金の払い込みが完了すれば貸出が始まるものです。

Pro Rata：　　貸出金と出資金をデットエクイティ比率と同等の割合で両者が同時に拠出していくものです。

Back-ended Equity：

　　　　　　レンダーの貸出が完了したあとに出資金を拠出するスポンサーに有利な方法。

Equity Bridge Loan（EBL）：

　　　　　　出資金見合いの資金を銀行からつなぎ融資として借入れ、スポンサーがその保証を行います。完工直前にスポンサーが出資を行い、つなぎ融資を返済するものです。

[レンダー側]

　レンダーはスポンサーが出資金を全額拠出したのちに、レンダーが貸出を始める Equity First を主張します。一部のスポンサーが出資金を拠出できなくなるリスクを避けられるからです。

[スポンサー・SPC 側]

　スポンサーにとって有利なのは、Back-ended Equity、EBL、Pro Rata、Equity First の順です。スポンサーからの出資金の拠出が遅いほど、エクイティ IRR の向上につながるからです。通常は Pro Rata になることが多いですが、EBL は出資金の拠出時期を実質的には完工直前にすることで、拠出出資金を最大限に遅らせ、エクイティ IRR を上げることができますので、是非検討するべきと思います。

(4) 株主意思決定メカニズム

　株主間契約での意思決定方法が議論となります。メインスポンサーに権限が集中し過ぎていないか、または少数株主に配慮しすぎていないかが確認されます。スポンサーが適切に役割分担して、意思決定がスムーズに進むかがポイントとなります。

完工リスク

　レンダーは完工リスク（①予算通り、②期限通り、③設計通りの3条件）に大変センシティブです。なぜなら完工リスクはレンダーのコントロールが効きにくいためです。完工リスクは取れないと考えるレンダーはスポンサーから完工保証（SPC向融資への返済保証：Debt Service Undertaking）を求めます。完工保証は、完工遅延に伴うコストオーバーランに対してスポンサーが完工するまでの資金提供義務を負うものでありますので、注意が必要です。しかし完工遅延や予算超過の恐れが少なくEPCコントラクターの実績があれば、完工保証が不要となる場合もあります。スポンサーにとって、完工保証があるのとないのとでは雲泥の差となります。完工リスクのポイントは第2章 SECTION 5「EPC契約」、SECTION 6「EPCコントラクターの選定」で説明した通りですが、レンダーから求められる要件とそれに対するスポンサー・SPCの主張をまとめると次の通りです。

(1) 建設契約の構成・内容

レンダー側

　レンダーは完工リスクの少ない建設契約を望むため、以下の条件を求めてきます。

- ・一本のEPC契約であること
- ・オンショア契約とオフショア契約にブリッジがあること
- ・一括請負契約（LSTK：Lump Sum Turnkey）であること
- ・完工期日が定まっていること（Date certain）
- ・代表責任・請負体制（Single point responsibility）であること
- ・厳格かつ長期の完工テストがあること
- ・十分な損害賠償（LDs：Liquidated Damages）があること
- ・十分な瑕疵担保保証責任（Defect Liability）を負っていること

　もし、建設契約が複数となる場合は契約と契約の狭間でリスクが発生しないようにする、もしくは SPC がコンサルタントやオーナーズエンジニアの力を借りてしっかり建設を監督するといったリスクコントロールを主張します。完工テストの内容や損害賠償、瑕疵担保保証責任については丁寧に説明します。

(2) EPC コントラクターの実績

　レンダーは EPC コントラクターのプロジェクト実績や企業信用力を懸念することがあります。

　もし企業信用力に不安のある EPC コントラクターが含まれる場合は、信用力の高い EPC コントラクターと、コンソーシアムを組ませて同社に連帯保証させるようにします。

(3) 完工認定

　レンダーは、EPC 契約上の完工テストを完了させることで認定される物理的完工（Mechanical Completion または Physical Completion）とは別に、レンダー信頼性テスト（Lender's Reliability Test）を行うことを求めることがあります。レンダー信頼性テストにより操業完工（Operational Completion）と財務完工（Financial Completion）を認定します。操業完工のテストは EPC 契約上の完工テストよりもより厳しい完工要件を課したテスト内容で長期間での操業安定性を確認するテストです。財務完工のテストは、財務上各指標が達成されていることおよび DSRA の積み立てが完了していること、さらに担保物の抵当権設定などが整うことが条件となります。特にスポンサーによる完工保証がある場合、完工認定の完了をもって完工保証が解除されるため、レンダーはテスト条件には神経質になります。

スポンサー・SPC 側

　SPC としては、EPC 契約上の物理的完工で完工の確認要件は満たされていると主張します。特に施工実績の多いプロジェクトの場合にはレンダーの求める操業完工テストは必要ないと考えます。一方で、財務完工のテストである財務上の各指標の達成、DSRA の積み立て、担保物の抵当権設定等は、融資契約上の誓約条項（Covenants）となり、SPC として受け入れることが一般的です。

(4) 予備費

レンダー側

　レンダーは EPC 契約が LSTK であっても十分な予備費を求めます。予備費が枯渇した場合の追加資金手当（Stand by Equity）のコミットをスポンサーに求めてくることがあります。

スポンサー・SPC 側

　レンダーのデューデリジェンス結果は保守的であり、想定外のコストを含め予備費は十分見積もられていることを説明し、追加資金手当のコミットはしないようにします。

技術リスク

(1) 新技術リスク

レンダー側

　レンダーは新技術リスクを採用したプロジェクトにプロジェクトファイナンスを適用することには極めてナーバスです。

スポンサー・SPC 側

　新技術といっても、大抵の場合既往技術の延長であったり、組合せであることが多く、どこからが新技術かということが議論になるので、レンダーを説得するには類似案件での実績を示すことが重要です。

操業リスク

操業は SPC 自身または操業保守契約を結びオペレーターが行いますが、操業率の低下に伴う固定費の上昇などの問題は、他の手段（例えば保険等）ではカバーできないものであるため、レンダーは自身が負わざるを得ないリスクと見なします。したがって、操業リスクについては、操業保守契約の内容やオペレーターの実績についてレンダーデューデリジェンスが詳細に行われます。

(1) 操業体制

レンダー側

SPC 自身が操業を行う場合は、スポンサーから派遣人員の配置およびスポンサーによる操業サポート契約（Technical Service Agreement）等、スポンサーの支援を求めてきます。さらに現地でのマネージメント層、技術者の人員確保、社内での人材育成計画という「現地化」について、スポンサーが主導することを求めます。

スポンサー・SPC 側

SPC による操業の場合は、スポンサーによる操業支援の必要性は避けられませんが、操業サポート契約におけるサポートの範囲・レンダーに対する責任は過度な負担とならないようにしなければなりません。

(2) オペレーターの実績

レンダー側

操業をオペレーターへ委託する場合、レンダーはオペレーターの実績を重視します。またオペレーターによる操業率保証の妥当性や損害賠償についてデューデリジェンスが行われます。

スポンサー・SPC 側

SPC によるオペレーターの監督をしっかり行うことおよび操業率向上や操業

コストが減少した際に、オペレーターにボーナスを付与する等のインセンティブを与えることで、オペレーターの操業の質を上げることをアピールします。

(3) メンテナンス体制

レンダー側

定期的な修理等の大規模メンテナンス部分だけについて、オペレーターとは別に EPC コントラクターや主機メーカーと、長期サービス契約（LTSA：Long Term Services Agreement）を締結することがあります。レンダーは安定操業の観点からメンテナンス体制の妥当性を検証します。

スポンサー・SPC 側

長期サービス契約は丸投げではなく、コストと効果をバランスさせて実施することを説明します。SPC が修理見積の査定（修理費用や修理範囲）を行うことや常備するスペアパーツの必要性についても理解を求めます。

オフテイクリスク

オフテイカーは、SPC が産出する生産物や提供するサービスを買い取る主体です。特定のオフテイカーとの間で長期間買い取りを約束させる契約をオフテイク契約（Offtake Agreement）といいます。オフテイク契約を通じてキャッシュフローが創出されるため、オフテイカーの信用力や、オフテイク契約の有効性についてレンダーと議論になります。

(1) オフテイク契約条件

レンダー側

レンダーはキャッシュフローが安定するオフテイク契約を望みます。IPP の PPA で定められたアベイラビリティペイメントやサービス購入型 PFI 事業のサービス対価支払いは、売上高が一定となりレンダーには受け入れやすいものです。売上高が価格×数量となるオフテイク契約については、引取数量が一定

となるテイクオアペイ（take or pay）契約を要求します。またオフテイク契約が融資契約完済時に一定程度残存していること（テール）を必要とします。太陽光・風力発電の場合は、出力制限を受けることがないかを問うてきます。

スポンサー・SPC側

　売上高が一定となるオフテイク契約の場合は、売上高が減額される計画外運転停止等が発生する蓋然性は低く、キャッシュインフローに変動がないことを説明します。売上高が価格×数量となるオフテイク契約でテイクオアペイでない場合は、価格と数量の見通しを過去の実績等から説明します。キャッシュフローに変動が見込まれる場合は返済スケジュールを一定の条件で繰り延べることができるようレンダーに対し返済猶予のメカニズム（deferral）を提案します。

(2) オフテイカー信用力

レンダー側

　オフテイカーは最低でも外部格付がBBB－またはBaa3以上の信用力をもつことをレンダーは求めます。また、オフテイカーの外部格付が将来低下した場合は一流銀行の保証（L/C）の差し入れる条件を設定することを必要とします。オフテイカーが国営企業等の場合で政府からの補助金に依存している場合は、国営企業等の支払義務に対する保証を当該国政府に求めます。国営企業の民営化計画、制度改革の動きがある場合は、オフテイカーの信用力の変化に関心を持ちます。

スポンサー・SPC側

　一流銀行の保証（L/C）の差し入れが必要となる外部格付の基準の引き下げを要求します。国営企業等の支払義務に対する当該国政府保証が出ない場合は国営企業等の信用力をしっかり説明します。

原燃料供給リスク

(1) 供給能力

レンダー側

　資源案件の場合は資源埋蔵量、太陽光・風力発電の場合は過去の観測データをもとにした一定の超過確率の発電量予測、火力発電案件の場合は原燃料供給会社の信用力などを問うてきます。

スポンサー・SPC側

　レンダーデューデリジェンスが保守的な見解であれば丁寧に説明を行います。原燃料供給会社が商社の場合はその調達能力を調べた上で問題ないことを説明します。また代替手段が確保されていることも説明します。

(2) 供給期間

レンダー側

　レンダーはプロジェクト期間をカバーする長期契約の締結を必要とします。

スポンサー・SPC側

　原燃料がコモディティーの場合は、長期契約が結べないことも考えられることから、プロジェクト期間をカバーしていなくても、同条件で原燃料供給契約の更新が可能であることを説明します。

(3) 供給条件、値決め、支払通貨

レンダー側

　レンダーは原燃料を供給者が供給できない場合はその調達コストを供給者が支払うプットオアペイ条項を入れることを必要とします。原燃料の品質がプラント設計上の原燃料と合致しているか、原燃料供給契約と原燃料を運搬する原燃料輸送契約との間に齟齬がないかという整合性も問うてきます。原燃料価格

はフォーミュラで決められており、市場価格と連動するかを確認します。また原燃料価格変動リスクはオフテイク契約で価格転嫁（パススルー）できるか、価格転嫁できても取引通貨・デリバリーに伴う時差などで、キャッシュフローに影響を与えるか否か、を聞いて来ます。

スポンサー・SPC 側

レンダーの問いにはレンダーデューデリジェンスの結果を踏まえて丁寧に説明していきます。

環境社会リスク

SPC は現地国の定める環境社会配慮に関する基準に基づく設計・操業保守計画を準備し、環境許認可を取得する必要があります。プロジェクトファイナンスでは、レンダーから現地基準よりも厳しい基準を求められます。

(1) ESIA の実施等

レンダー側

レンダーは SPC が現地国の環境社会配慮基準を順守するプロジェクト計画を準備し、環境社会影響評価（ESIA）を実施し、現地国当局に承認されていることを求めます。さらに公的金融機関の参画が予定される場合や各国の金融機関が参加する大規模な融資の場合は、エクエーター原則、IFC パフォーマンス・スタンダード、JBIC 環境ガイドラインといった現地基準よりも厳しい環境社会配慮のポリシーに沿った環境社会影響評価（ESIA）の実施を求めます。

スポンサー・SPC 側

二度手間にならないよう、最初から公的金融機関のポリシーに沿った環境社会影響評価（ESIA）を実施します。さらに現地住民や NGO とのコミュニケーションが緊密に実施され、継続的に維持できる仕組みを整えます。

ポリティカルリスク

　ポリティカルリスクとは、第2章 SECTION 10「現地国政府等」で述べた通り現地国政府等による政治・政策によって引き起こされるもので、接収・収用・国有化、戦争・内乱・暴動・テロ、許認可変更、政府・国営企業等の債務（義務）不履行、外貨交換・外貨送金規制などが挙げられます。昔はポリティカルリスクが存在する国とは、開発途上国の下位国といわれていましたが、経済発展によりポリティカルリスクの発現は低くなってきています。しかしポリティカルリスクは、民間企業にとっては不可抗力に等しいものです。したがって、ポリティカルリスク発現時にプロジェクトに対してどのような現地国政府等の補償やサポートが設定されているのか、それがレンダー・スポンサーにどのようにカバー（還元）されるのかが論点となります。もしその補償やサポートを帳消しするようなポリティカルリスクが発現する可能性がある場合、そのコントロールは政府対政府の関係で解決して行かざるを得ないため、市中銀行は公的金融機関によるポリティカルリスク保証・保険の付保を要求します。ポリティカルリスクに関しては、市中銀行とSPCの利害は一致しているため、公的金融機関のポリティカルリスク保証・保険（または民間のポリティカルリスク保険）の活用がポイントとなります。また当該国の憲法・投資法・外国為替法・中銀規制、および諸外国との通貨スワップ協定・二国間投資協定、FTA等の枠組みの有無により、ポリティカルリスクが軽減する蓋然性を説明することもできます。

(1) 接収・収用・国有化時の対応

レンダー側

　現地国政府等にプロジェクトが強制的に接収、収用、国有化されるとプロジェクトが継続不可能となるため、SPCが予め現地国政府と直接的に契約を結び、政府からの補償、サポートを受けられるように設計することを求めます。

具体的には、プロジェクトの買取条項（buy out）で、買取価格が融資返済額を上回っていることを必要とします。さらに市中銀行融資部分には公的金融機関のポリティカルリスク保証・保険を付けて、接収・収用・国有化リスクをカバーすることを求めます。

スポンサー・SPC側

公的金融機関の参画により対現地国政府等への交渉力が増すことを説明し、必要に応じ公的金融機関と現地国政府等との間でMOUまたはAcknowledgement and Consent契約等を締結し、本プロジェクトを現地国政府等に認知、支援させます。また市中銀行融資部分に公的金融機関のポリティカルリスク保証・保険を得て、接収・収用・国有化リスクをカバーします。

(2) 戦争・内乱・暴動・テロ発生時の対応

レンダー側

戦争等でプロジェクトが停止、頓挫することを懸念します。レンダーの要求事項は（1）接収・収用・国有化と同じです。

スポンサー・SPC側

オフテイカーが現地国政府等である場合は、オフテイク契約上、操業停止中の固定費支払（含む元利金返済・資本回収額）がなされたり、オフテイク契約が延長されたり、オフテイク価格が引き上げられたりする仕組みを取り入れている点を説明します。そのほかは（1）接収・収用・国有化と同じです。

(3) 法制・許認可変更時の対応

レンダー側

ポリティカルリスクの中で最も発生頻度の高いリスクである一方、プロジェクトへの影響も大きいため、（1）接収・収用・国有化と同様の現地国政府等による補償をレンダーは求めます。

スポンサー・SPC側

上記（2）の戦争・内乱・暴動・テロと同様です。

(4) 政府の債務（義務）不履行時の対応

政府が買電契約上の支払義務や保証を履行しないことへの対応についてです。

[レンダー側]

このポリティカルリスクは政府の信用力（政府資金、実施能力）によるところが大きく、通常のポリティカルリスクとは区別されます。市中銀行融資部分に公的金融機関のエクステンディッドポリティカルリスク保証（EPRG：Extended Political Risk Guarantee）・保険（EPRI：Extended Political Risk Insurance）を付けて、政府の債務（義務）不履行リスクをカバーすることを求めます。

[スポンサー・SPC 側]

公的金融機関の参画を求めるとともに、市中銀行融資部分に公的金融機関のエクステンディッドポリティカルリスク保証・保険を得るようにします。

(5) 外貨交換・外貨送金規制時の対応

外貨交換リスク（Convertibility risk）とは、現地政府当局等が現地国通貨から外貨への交換を停止するリスクであり、外貨送金規制リスク（Transferability risk）とは、現地政府当局等が現地国からの送金を認めないリスクです。

[レンダー側]

輸出型プロジェクトの場合、ロンドンやニューヨークにオフショアエスクローアカウント（信託勘定）を設置し、輸入者からの売上代金をオフショアエスクローアカウントに入金することにより、現地国へは売上代金が還流しないようにして、外貨交換・外貨送金規制リスクを回避することをレンダーは求めます。一方、輸出型プロジェクトでない IPP 等のインフラの内貨型プロジェクトの場合は、外貨交換リスクが発生しますので現地政府に外貨交換の保証を求めます。市中銀行融資部分には公的金融機関のポリティカルリスク保証・保険を得て、外貨交換・外貨送金規制リスクをカバーすることをレンダーは求めます。

　上記レンダーの主張が原則です。インフラなどの内貨を収入とする国内型プロジェクトの場合は、輸出型プロジェクトで用いられるオフショアエスクローアカウントの仕組みは使えません。外貨交換・外貨送金規制は開発途上国において外貨準備不足や金融危機となった場合に発動されるものですが、長期間に亘って輸入を行わず「鎖国」を続けることは現代社会において不可能です。二国間のスワップ協定や国際通貨基金（IMF）の資金援助の枠組みが存在することから、外貨交換・外貨送金規制が長期間に亘ることは少ないと考えられます。したがって、レンダーに外貨交換・外貨送金規制が発生している間に限り返済猶予のメカニズム（Deferral）の設定を求めてみてもよいと思います。

フォースマジュールリスク

　フォースマジュールリスクは地震、落雷などの天災や人為的な原因による火災により、プロジェクトが損害を受けることです。フォースマジュールは、帰責事由の帰属先がないことから、予め関連当事者間でリスク分担を決めておく必要があります。また必要に応じて現地国政府による支援を取り付けておくことが大事です。一般的には損害保険を付保することでリスクをカバーします。事故・災害が発生すると正常化には時間を要することから、キャッシュフローの安定化を図る方策がどうとられているかが大事です。フォースマジュールが発生すると操業停止となりキャッシュフローが止まります。そうならないようにするために、フォースマジュール時のオフテイク契約の支払は継続させる仕組みを取り入れることがあります。またキャッシュフローが止まっても、融資の返済ができるように、Debt Service Reserve A/C に返済用資金を積立てておきます。損害保険はフォースマジュールリスク及び事故による損害額をカバーするものですが、保険金を受取るには時間を要することに留意が必要です。

　プロジェクトに付保する保険の種類は、建設期間中の貨物海上保険、工事組立オール・リスク保険、第三者賠償責任保険、操業期間中の財物損害オール・

リスク保険、事業中断保険、第三者賠償責任保険などがあります。

(1) 事故・災害発現の蓋然性、脆弱性

レンダー側

　レンダーはコンサバティブな視点で災害や事故が発生するリスクを指摘してきます。

スポンサー・SPC 側

　保険アドバイザーに意見を求めて、（特に地震、台風などの）稀な災害を想定して極端な付保を求められないようにします。

(2) 保険の付保内容

レンダー側

　レンダーの担保でもある保険は、最大損失額（Expected Maximum Loss, Full Replacement Value）を査定して、できる限り大きな保険を掛けることを要求します。

スポンサー・SPC 側

　支払保険料を抑えるために、免責額を減少させたり、付保範囲を制限したり、付保額を一定限度以下とするようにスポンサーの保険アドバイザーを使って説得します。特に保険料の高い事業中断保険については、その付保額とその保険期間についてレンダーと交渉する必要があります。

(3) 保険会社信用力

レンダー側

　レンダーは格付の良好な信用力の高い国際的保険会社しか認めない傾向にあります。レンダーは保険会社に対し、保険金支払いの見返りとして得る代位求償権を放棄させることを求めます。また（SPC の保険料滞納等により）保険契約を保険会社が無効にする場合には、レンダーへ通知しレンダーからの連絡があるまで保険契約を無効にすることができないようにする不執行条項を求めま

す。

開発途上国では地場の保険会社が元受けとなり、国際的保険会社による再保険でカバーするケースが多いので、保険会社の格付要件は再保険会社で適用するものとします。さらに保険会社の格付要件は低く（信用力の低い格付）しておくべきです。というのも、付保額相当の保険会社が集まらない（キャパシティが集まらないと言います）場合は、格付の低い保険会社に入ってもらうことがあるためです。代位求償権の放棄と不執行条項は保険会社を説得します。

スポンサーサポート

プロジェクトファイナンスはスポンサーへのリコースは原則ありませんが、レンダーとの交渉ではスポンサーサポートが必要かどうかについて議論となることがあります。スポンサーサポートはプロジェクトの信用補完措置（Credit Enhancement）の一種です。スポンサーサポートの種類は様々ですが、大きく分けて現金（Cash）相当のもの、現金相当以外のものに分けられます。

(1) 現金相当のサポート

レンダー側

現金相当のサポートとしては、CDS（Cash Deficiency Support）が代表的です。SPCのキャッシュフローの不足が生じた場合、スポンサーが増資もしくはレンダーへの返済よりも劣後する親子ローンでSPCに現金を注入するものです。ただし現金は通常キャッシュウォーターフォールの最上位（操業コスト支払前）に注入され、元利金返済（Debt Service）への直接的なキャッシュサポートではない（融資返済を直接肩代わりするサポートではない）ことに注意が必要です。またCDSには累計での上限額が設けられます。CDSより更に直接的なスポンサーのサポートはDSU（Debt Service Undertaking）です。DSUはスポンサーがSPCの融資返済額を一定限度肩代わるものです。CDSやDSUはキャッシュフ

138

ローが少なくなることが想定される場合にレンダーが要求します。

スポンサー・SPC 側

交渉手法は、SECTION 5 の「キャッシュフローの交渉」で説明します。

(2) 現金相当以外のサポート

レンダー側

現金相当以外のサポートとして、建設や操業に関する技術的・人的サポートや、技術ライセンスの供与、オフテイカーがオフテイクできない場合にサポートするバックアップオフテイクなどを求めることがあります。

スポンサー・SPC 側

スポンサーにとってなるべく負担にならないようにレンダーと交渉する必要があります。

貸出条件

貸出条件交渉はレンダーとスポンサー・SPC の利害が真正面から対立する点です。主なポイントは次の通りです。なお、借入額、返済期間、DSCR 水準については SECTION 5「キャッシュフローの交渉」で詳しく説明します。

(1) 貸出金利（マージン）

レンダー側

プロジェクトファイナンスはリスクが大きいため、基準金利に乗せるマージン（スプレッドやプレミアムとも呼ぶ）は高めとなります。プロジェクトの後年度になるにつれ、マージンは増加します。マージンは、プロジェクトのリスクプロファイルはもちろんのこと、カントリーリスクや、与信期間、外貨調達コスト、金融マーケット環境、レンダーの目標リターンにより異なります。

スポンサー・SPC 側

金利水準はエクイティ IRR に大きく影響します。しかしレンダーから提示さ

れる金利マージンを交渉によって引き下げることは容易ではありません。過去の同種案件の金利マージンをベンチマークとし、リスクの差異を相対比較してマージン水準の引き下げが可能と判断できれば交渉しましょう。

(2) ヘッジ（Interest hedging requirement）

レンダー側

貸出金利は基準金利＋金利マージンによる変動金利での借入となりますが、プロジェクトファイナンスは超長期融資となるため、レンダーはなるべくヘッジによる金利の固定化を求めます。

スポンサー・SPC側

金利を固定化するかどうかはマーケットの金利動向次第でその都度判断できるように、融資契約上のヘッジ義務割合をなるべく小さく設定するように交渉します。

(3) 手数料水準（Fees）

レンダー側

プロジェクトファイナンスは手続きが複雑なため、レンダーは様々なフィーを設定してきます。主なフィーは調印時に徴収する融資手数料（アップフロントフィー、フロントエンドフィー、ファシリティフィー）や幹事銀行手数料、貸出後に発生するロールバンク（事務管理、口座管理、担保管理、保険管理等）の手数料、コミットメントチャージ（未貸出部分に必要となるフィー）、ヘッジ手数料、延滞金利、損害金等となります。

スポンサー・SPC側

レンダーの要求をそのまま受けることのないよう、他の案件でのフィー水準との比較を行い交渉しましょう。その上で貸出金利だけでなく、上記各種手数料を含めたオールインコスト（1年間当たりの全ての金融費用を元本で除したもの）を算定し実質的な金利としてはいくらになるのかを承知しておくべきと考えます。

(4) 貸出実行可能期間（Availability Period）

レンダー側

　貸出実行可能期間とは、融資契約の調印から貸出実行最終期限までのことです。レンダーはEPC完工予定日から貸出実行最終期限までの余裕期間を長く設けることを嫌います。

スポンサー・SPC側

　SPCとしては、完工遅延も考慮に入れて、EPC完工予定日から最低でも6か月後を貸出実行最終期限とする貸出実行可能期間を設けるように交渉しましょう。

(5) 貸出先行要件（CP：Conditions Precedent）

レンダー側

　貸出先行要件とはレンダーが債権保全のために必要とする条件であり、融資契約の調印はもちろん、当事者関係者との各種契約締結、政府許認可、口座開設、レンダー側・SPC側の法律意見書の提出などを完了させることです。プロジェクトファイナンスの場合、特に確認書類が多くなります。

スポンサー・SPC側

　融資契約調印後は一日も早く貸出実行を受けてプロジェクトに着手（EPCコントラクターへの着工指示（NTP：Notice to Proceed））すべきですので、貸出先行要件はなるべく少ない方が好ましいです。弁護士主導で進められるところがあるので、必要最小限としたいところです。融資契約調印後貸出先行要件の充足に時間がかかると判明した場合は早めにレンダーに猶予または免除（waiver）を求めます。

(6) 貸出単位、貸出回数、事前連絡

レンダー側

　貸出実行は、例えば1回あたり最低1百万ドル以上、0.5百万ドル単位、1か

月に 1 回、1 週間前に事務管理銀行に連絡すると細かく定めます。

スポンサー・SPC 側

プロジェクトの資金需要に応じた借入が自由にできるように交渉します。

(7) 期限前返済 (Prepayment)

期限前返済とは約定した返済期日より前に返済を行うことで、SPC の都合で期限前に返済する任意期限前返済（Voluntary Prepayment）と融資契約上の規定により行う強制期限前返済（Mandatory Prepayment）があります。

レンダー側

SPC のキャッシュフローに余剰資金がある場合には Cash Sweep という強制期限前返済をレンダーは要求します。

スポンサー・SPC 側

Cash Sweep は基本的にスポンサーに不利な条件となりますのでキャッシュフローを良く精査した上でレンダーと交渉します。任意期限前返済は期限前返済フィーと金利固定契約の解約費用が必要ですが、強制期限前返済は期限前返済フィーを不要とするよう交渉しましょう。また期限前返済した元本は約定返済元本に均等に充当するプロラタとなるように交渉します。レンダーはインバースオーダーという期限前返済元本を最終期限の返済元本から相殺していく方法を主張します。最終返済期日が前倒しされるインバースオーダーよりもプロラタの方がエクイティ IRR を高めることになります。

(8) 表明保証 (Representations and Warranties)

レンダー側

プロジェクトファイナンスの融資契約における表明保証事項（略してレプワラと呼びます）は多岐に亘るため、レンダーは項目数をなるべく増やそうとします。

スポンサー・SPC 側

表明保証は貸出先行要件を構成することから、項目数が多いと貸出が遅れま

す。したがってレンダーの債権保全を害しない程度の項目数への削減を目指します。一般的な表明保証はリーガルマターになる場合が多いので、弁護士同士で議論させます。また表明保証をした上で法律意見書の提出を求められることがありますが、法律意見書の必要性についてはレンダーと議論しましょう。稀にスポンサーに表明保証を求められることもありますが、虚偽の表明保証によりスポンサーが全責任を負うことがないように、スポンサーによる表明保証が自分自身で管理できるものに限定されているかを確認しましょう。

(9) 誓約条項（Covenants）

　誓約条項はSPCが遵守しなければならない事項をまとめています。プロジェクトファイナンスに特有の誓約事項としては、追加借入禁止、貸付・保証禁止、予算以上の支出禁止、担保権の設定禁止、資産処分禁止、投資禁止、他契約締結禁止、他のビジネスへの進出禁止、株式処分禁止、財務制限条項（DSCR等）などがあります。

レンダー側

　レンダーとSPCとの間で議論になりやすいものに、「許容される範囲」と「閾値（threshold）の設定」があります。「許容される範囲」の議論とは、例えば「資産処分」のうち、通常操業保守業務の一環として行われる資産処分は誓約条項の対象から外すかどうかというものです。「閾値の設定」の議論とは、例えばレンダーの承諾なく可能となる「追加借入」に一定限度の許容額を認めるかどうかというものです。レンダーは誓約事項の対象から外す範囲を狭めようとしますし、後者の許容額は低くしようとします。

スポンサー・SPC側

　資産の処分などは頻繁に行われることになるため、なるべく閾値を高めに設定しておくと業務の自由度が高まります。想定される資産処分例を説明し、プロジェクトやキャッシュフローに影響を与えないことを理解してもらいます。

（10）債務不履行事由（Event of Default）

レンダー側

　期限の利益喪失事項ともいい、この事由に該当するとSPCはレンダーの判断により全ての債務の返済を求められます。レンダーが取り得る最も強制力を持つ手段であることから債権保全の要となる条項です。したがって、一般的な融資契約では見られないプロジェクトファイナンスに特有な事由（予算超過、完工遅延、操業停止など）が含まれ、レンダーは債務不履行事由の範囲を広げようとします。

スポンサー・SPC側

　債務不履行事由はSPCのキャッシュフローやレンダーの担保権に大きな影響を与える事由に限定するように交渉します。また債務不履行事由には重大な悪影響を与える条項（MAC：Material Adverse Change、MAE：Material Adverse Effect）を含めることが多いですが、MAC・MAEに該当する範囲を広げないようにするべきです。レンダーはMAC・MAEに該当する範囲を抽象的な事象も含むキャッチオール（包括）条項にしようとしますので、注意が必要です。

（11）担保（Security）

レンダー側

　プロジェクト所在国の現地法に制限があり担保権の設定ができない場合、議論となります。特に現地側パートナーが保有するSPCの会社株式に担保権の設定ができないケースがあり、レンダーはストラクチャーを組むことを要求します。完工後に設備の担保権の設定をスムーズに行う仕組みも求めてきます。

スポンサー・SPC側

　リーガルマターですので、レンダーの債権保全のために協力します。プロジェクト所在国では担保・登記制度が未成熟で手続きに時間を要することがありますので、担保権の設定の期限は余裕をもって設定します。

(12) 準拠法

　準拠法とはどこの国の法律に基づいて各種契約を約定するかということです。

[レンダー側]

　プロジェクトファイナンスの融資契約書は、プロジェクトファイナンスの実績の多い英法か米国ニューヨーク州法を準拠法とすることが多いです。また裁判管轄もロンドンないしニューヨーク州を合意管轄地とすることが多いです。

[スポンサー・SPC 側]

　英法・米国ニューヨーク州法のいずれを選択しても違いは少ないです。

(13) 配当テスト

　配当テストはキャッシュフローに最後の余剰があればスポンサーに配当してもよいかを判定するテストです。

[レンダー側]

　配当を行うと SPC の資金が外部流出してしまうため、レンダーは配当テストに高いハードルを設けようとします。配当テストの例は、プロジェクトの完工、第 1 回の元本償還、DSRA などのリザーブ口座に必要資金額の残高があること、過去の DSCR や予想の DSCR が想定値をクリアしていること、債務不履行事由 (Event of Default) が存在しない、などです。

[スポンサー・SPC 側]

　スポンサーとしては、配当テストはなるべく少なくクリアしやすい条件とするべきです。またスポンサーサポートの一種であるクローバック条項（一旦支払った配当の返還を求められるもの）をレンダーから求められた場合は、そのサポートが不要である旨毅然と対応する必要があります。

キャッシュフローの交渉

本 SECTION ではセキュリティーパッケージの交渉のうち、キャッシュフローに関する交渉について説明します。

前提条件と感度分析

レンダーとのキャッシュフローの交渉でまず論点となるのは、キャッシュフローの前提条件と感度分析についてです。

レンダーキャッシュフローの前提条件はレンダーデューデリジェンスで判明したリスクに基づき設定されているため、保守的な設定となっているケースが多いです。例えばプラントの性能値の前提条件については、同等プラントの性能値の実例や EPC 契約の性能保証値を提示しレンダーを説得します。

レンダーとの間でキャッシュフローの前提条件に合意するまでには多くの時間を要しますが、その合意された前提条件をもとに作られたキャッシュフローが「ベースケースのキャッシュフロー」となります。

次にプロジェクトへの悪影響が発生した場合に、キャッシュフローがどれほどの耐性を持つかを測定するのが感度分析（Sensitivity Analysis）です。レンダーキャッシュフローの感度分析の手法は非現実的な想定をもとにしていることがよくあります。レンダーの悲観的な感度分析の想定に対しては、例えば過去10年間においてそのようなダウンサイドに働く事例はなかったことを証明し、極端な感度分析の想定を除くように協議していきます。

感度分析の手法についてもレンダーとの合意を得て「ダウンサイドケースのキャッシュフロー」を作成します。ダウンサイドケースのキャッシュフローを踏まえて、レンダーはスポンサー・SPC と対応策を協議し、必要に応じてスポンサーからのサポートを求めます。

融資条件を変えることでエクイティIRRを上昇させる

　プロジェクトファイナンスはキャッシュフローに依拠したファイナンスですので、キャッシュフローは長期間に亘り、安定して、予見可能であることが前提であると第１章で述べました。プロジェクトのキャッシュフローが予見可能で安定しているということは、将来キャッシュフローが大きな上振れや下振れの少ないものと考えられるため、エクイティIRRもアップサイド（上振れ）がないと思われがちです。しかし、プロジェクトファイナンスの融資条件を変えることができれば、エクイティIRRを上昇させることができます。キャッシュフローが安定かつ予見できるからこそ、キャッシュフローをコントロールする様々な仕組みがビルトインできるわけです。その意味でもキャッシュフローの交渉はプロジェクトファイナンスの最大の醍醐味であると考えます。

　もっとも、レンダーやSPCが作成するキャッシュフローはあくまで事前の想定であり、実際のキャッシュフローは様々な要因で想定から乖離すると考えておくべきです。そのためレンダーは返済額に対するキャッシュの厚み（余裕）を極力持たせて、なるべく確実に融資の返済が行われるようにしようとします。一方、SPCやスポンサーは生み出されたキャッシュフローから、できる限り早く、またできるだけ多くの配当を吐き出させてエクイティIRRを高めようとします。

　エクイティIRRを上昇させる方策を説明していきます。図表4-5は、プロジェクトのキャッシュフローをスポンサーにとって最適化する仕組みを表したものです。これまでのプロジェクトファイナンスの説明の集大成となりますので、少し複雑ですが理解できるようにしてください。本章SECTION 3「レンダーキャッシュフローの策定」で説明したキャッシュウォーターフォールを中心に、多くの矢印が結ばれています。またDSCRからエクイティIRRが向上するまでの連関が表されています。

　図表4-5では薄いグレーで塗りつぶした箇所がキャッシュフローを安定化さ

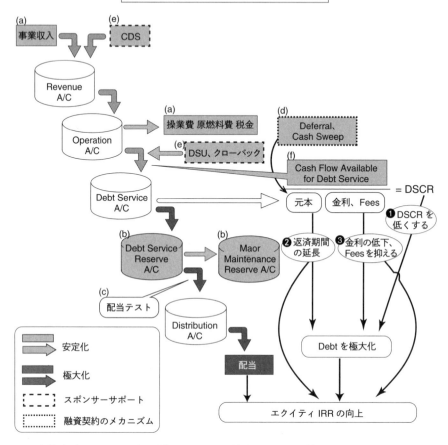

図表 4-5　エクイティ IRR を高めるために

せる方策を表しています。濃いグレーで塗りつぶした箇所はキャッシュフローを極大化させることで、配当を増加させる箇所を表しています。また破線で囲まれた箇所はスポンサーによるサポートを、点線で囲まれた箇所は融資契約上で規定されたメカニズムを表しており、キャッシュフローの不足時や余剰時の対処となります。この対処の仕組みのことをキャッシュフローの信用補完措置（Credit Enhancement）と呼びます。

　薄いグレーのキャッシュフローを安定化させる仕組みについて説明していきます。各説明は図表 4-5 の中の英語小文字（(a) 等）で紐づけています。

キャッシュフローを安定させる仕組み

(1) 収入と支出の安定 (a)

　第 2 章 SECTION 8「オフテイク契約とオフテイカー」で説明した通り、収入面は安定した事業収入を契約上で確保しつつ、操業率を安定させてその収入の減額を被らないようにすることがポイントです。操業費、原燃料費、税金等の支出は予見可能な費用であるか、またはパススルー（SPC が負担することなく他の関係者にリスクを転嫁する契約）となっていることが肝要です。

(2) DSRA、MMRA リザーブ (b)

　キャッシュフローは安定していることが望ましいですが、突然の資金不足や突発的な出費に備えてリザーブ（積立金）を置いておくことが求められます。代表的なものとして、次回元利金返済額をリザーブする DSRA（Debt Service Reserve Account）や次期定期修繕費用のための所要額をリザーブする MMRA（Major Maintenance Reserve Account）などがあります。

　DSRA は 6 か月ごとの元利払いの場合は 1 回分のリザーブですが、3 か月ごとの元利払いの場合は、2 回分のリザーブを求められることがあります。さらに、キャッシュフローのブレに応じてその必要回数が協議されます。また DSRA は常時積み立てが必要なのか、前回返済と次回返済までの中間時点では必要金額の半額を積み立てるのか、もしくは返済日前日までに積み立てることでよいとするのか、という論点があります。さらに DSRA の所要積立資金は元々のプロジェクトコストに含むこととするのか、操業開始後プロジェクトが生み出すキャッシュで積み立てるのか、現金の積立は行わず、スポンサーが銀行保証状（L/C）を提供するのか、といった類別があります。スポンサーにとってスポンサーが銀行保証状（L/C）を提供する方法がエクイティ IRR 向上に一番効果があります。

キャッシュフロー不足時への備え

(1) 配当テスト (c)

　キャッシュフローが減少した時に一番最初に取られる手段は配当停止です。配当はプロジェクトの資金の外部流失となりますので、キャッシュフローが想定より減少する場合はまず配当を停止します。配当の可否は配当テストで判定を行います。配当テストは DSCR が決められた閾値を下回った場合や各種誓約事項（Covenants）に抵触した場合に配当停止とするものです。その DSCR の計測は過去（実績）、将来（予想値）および、複数年（期）平均が用いられます。

(2) Deferral (d)

　Deferral はレンダーへの返済期日を一定程度猶予することを認めさせる方法です。一定要件を満たせば Deferral できるように予め融資契約で約定しておきます。返済猶予の延長期限には限界がありますが、SPC にとって有利な解決策ですので、レンダーと協議する価値があります。

(3) クローバック、CDS、DSU (e)

　一旦支払った配当の返還を求めるクローバック、スポンサーが追加資金を増資や劣後ローンで供与する CDS（Cash Deficiency Support：ただし、資金は収入口座（Revenue A/C）に入れられるのが通例です）や、スポンサーが一定限度の SPC の融資返済額を肩代わる DSU（Debt Service Undertaking）といったキャッシュフローを増加させる方策がレンダーから求められることがあります。しかしいずれもスポンサーにリコースする内容ですので、なるべくスポンサーの負担とならないようにしなければなりません。レンダーからこのような方策を求められないように、キャッシュフローが安定する蓋然性を説明していく必要があります。

キャッシュフロー余剰時の対処

(1) Cash Sweep (d)

　キャッシュフローが想定以上に余剰となった場合は、キャッシュスィープ（Cash Sweep）というメカニズムをレンダーが要求してきます。Cash Sweep はキャッシュフローの余剰資金のうち一定額を融資の繰り上げ返済（期限前返済）に回すものです。スポンサーからみれば、プロジェクトのアップサイドをレンダーに与えるもので、なるべくなら避けるべきですが、後年キャッシュフローが不足した時に期限前返済により返済負担が減少しているため、SPC にとっても有利と考えられます。資源案件では資源価格が高騰と下落を繰り返しますので、Cash Sweep と Deferral がセットで使われることがあります。

　なお、Cash Sweep による繰り上げ返済方法には期限前返済と同様インバースオーダー とプロラタの２種類があり、前者は繰り上げ元本を最終返済元本額から減じるもので、後者は繰り上げ返済額を各回の返済に均等に割り振って返済元本額を減じるものです。SPC にとっては後者の方が有利となります。

　この様々なキャッシュフローを安定化させる方策により、結果的に CFADS（Cash Flow Available for Debt Service）(f) が安定したものとなるわけです。

　安定化させることのできた CFADS を次回返済予定元本・金利金額（Debt Service）で割った値である DSCR は、プロジェクトファイナンスの返済に支障が生じるかどうかの判定要素でした。レンダーはこの判定要素をどのような数値にしようとするのでしょうか。

最低 DSCR 値の決定

　プロジェクトファイナンスの返済に支障が生じるかどうかは、DSCR で判定されます。キャッシュフローモデルでは、最低 DSCR の数値を定め、返済期間中、必ず DSCR が最低 DSCR の値を上回るようにキャッシュフローが策定されます。次回返済予定元本・金利金額（Debt Service）（＝分母）よりも、Debt Service に充当可能な資金である CFADS（＝分子）の方が大きくなくてはなりませんので、最低 DSCR の数値は 1.0 超が必要となります。もし最低 DSCR を 1.0 としてしまいますと、キャッシュフローの僅かな下ブレで返済不能となりますので、通常最低 DSCR は 1.5 といった余裕を設けた数値とします。最低 DSCR の 1.0 を超える部分の余裕幅の考え方は、CFADS のブレの大きさに応じて変わります。例えば、IPP のように定額の収入が確保されている案件は、CFADS の変動が少ないですが、高速道路プロジェクトのように収入が大きく振れる可能性のある案件は、CFADS の変動幅が大きくなります。図表 4-6 を見てください。CFADS が平均的な数値から 20 ％程度下振れする可能性があるのなら、1/0.8 ＝ 1.25 となり、最低 DSCR は 1.3 程度で十分となります。一方、CFADS が平均的な数値から 50 ％程度下振れする可能性があるのなら、1/0.5 ＝ 2.0 となり、最低 DSCR が 2.0 以上は必要になります。ただこの最低 DSCR は、プロジェクトごとに大凡の目安があるだけで、厳密なフォーミュラや計算式があるわけではありません。同じリスクを持つ過去のプロジェクトの最低 DSCR の数値を参考とする傾向があります。

　DSCR に関するレンダーとの論点は、最低 DSCR をどのような数値の設定にするかについてです。最低 DSCR を低くした（例えば 1.5 から 1.3 に下げる）方が SPC に有利となり、高くした方がレンダーに有利となります。上述した通り、最低 DSCR は CFADS の下振れ度合いによって決まります。CFADS の下振れが大きいほど、最低 DSCR は大きくなります。CFADS のブレが大きいか否かは、プロジェクトのキャッシュフローが安定しているかどうかに拠ります。

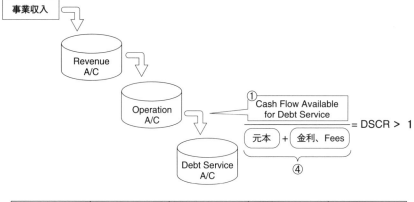

図表 4-6　DSCR の考え方

Cash Flow Available for Debt Service ①	Cash Flow Available for Debt Service の下ブレ幅②	①×②=③	元本 金利 Fees ④	④÷③ =DSCR
1	▲20％	0.8	1	1.25
1	▲50％	0.5	1	2.0

SPC はレンダーへプロジェクトのキャッシュフローの安定性を説明し、CFADS の下振れが限定的であることを主張する必要があります。また、キャッシュフロー減少を補完する仕組み（前述した DSRA（Debt Service Reserve Account）、クローバック、CDS（Cash Deficiency Support）、DSU（Debt Service Undertaking））を取り入れることにすれば、CFADS を安定させることができます。このような CFADS を安定させる仕組みが備わっていれば、最低 DSCR の値は低くすることができますので、こういった仕組みと最低 DSCR の設定は組み合わせて交渉するべきと考えます。つまり、キャッシュフロー減少を補うメカニズムがある場合は、最低 DSCR を低い値としてもかまわないと主張できます。

最低 DSCR を低くしてデットを極大化する（❶）

　さて、先程最低 DSCR を低くした方が SPC に有利となり、大きくした方がレンダー有利になると述べましたが、その仕組みを説明します。図表 4-7 を見てください。DSCR の分子である CFADS は、事業収入からコスト（操業費や原燃料費）を引いたものですので、プロジェクトとして所与の数値となります。一方、DSCR の分母は Debt Service ですので、Debt Service が大きくなると DSCR が小さくなります。Debt Service が大きくできるということは、一回当たりの返済額を大きくできるということになり、結果的に借入総額を増加させることができます。図表 4-7 のグラフの横軸は経過年数、縦軸は借入残高になります。A と B を結ぶ右下がりの直線は年数の経過とともに借入残高が減少することを示しています。便宜上直線で表すこともありますが、実際は階段状の返済になります。A から A′ に借入額を増加させた場合、A′ から B を結ぶ直線（A′B 直線）は A から B を結ぶ直線（AB 直線）よりも傾斜が急ですので、階段一段の高さは AB 直線の階段の一段に比べ A′B 直線の一段の方が高くなります。階段の一段の高さは一回当たりの返済額つまり Debt Service（分母）の一部ですので、一段の高さが高くなるということは、一回あたりの返済額が増えるということになります。最低 DSCR を低くできれば一回あたりの返済額が増やせる、すなわち借入額を増やすことができます（A′ が A より高い）。最低 DSCR を低くすることは、直線の傾きを大きくすることになります。借入額（Debt）を増やすことができるということは、出資額（Equity）を抑えることができ、出資に対するリターン（エクイティ IRR）を高めることができます。これをレバレッジ効果と呼びます。したがって、最低 DSCR はなるべく低く設定した方が、借入額を増やすことができ、スポンサーのエクイティ IRR が高まります。

　一方で、A′B 直線の返済を計画していたところ、プロジェクトのキャッシュフローが少なく（弱く）、DSCR がレンダーの期待する最低 DSCR を下回ることが予想される場合は、レンダーは借入額を減少させよう（階段一段あたりの高

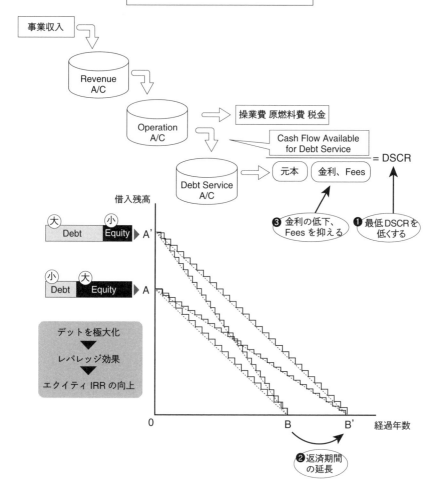

図表 4-7　デットを極大化する仕組み

さを低くする。すなわち A′B 直線の返済ではなく、AB 直線の返済計画にしよう）とします。このようにキャッシュフローの大きさ（正確には CFADS）と Debt Service の関係によって借入額を増減させることをデットサイジング（Debt Sizing（デットの大きさを調整するという意味））と呼びます。

返済期間の延長でデットを極大化する（❷）

　最低DSCRの値を低くすることによって、借入額を増加させることができ、エクイティIRRを上げることができることがわかりました。

　もう一歩踏み込んでキャッシュフローにおいてスポンサーのエクイティIRRを高める方法を考察します。まずレンダーと合意した最低DSCRをクリアしていく（返済可能性を高める）ためには、最低DSCR以上のDSCRを達成し続ける必要があります。DSCRの分子であるCFADSを所与の数値とした場合、分母のDebt Serviceを減らすことがDSCRを高める方法となります。Debt Serviceを減らす方法は2種類あります。

　一つ目は返済期間を延長することで1回あたりの元本返済額を減らすことです。図表4-7に示す通り、最終返済期限をBからB′に延ばし、返済の直線をAB直線からAB′直線にシフトさせます。そうすれば階段の一段の高さは低くなり一回あたりの元本返済額が少なくなります。返済期間を延長することにより、融資の返済が遅くなる分、配当が早めに獲得できますので、エクイティIRRが上昇します。更にAB′直線のDSCRは、最低DSCRに対して余裕がありますので借入額を増加させA′B′直線とすることができます。借入額が増えることからレバレッジ効果でエクイティIRRが上昇します。

　返済期間を延長することは、レンダーにとってあまり好ましいことではありません。最終返済期限が延長するほど、不確実性が高まるからです。PPA契約やコンセッション契約（以下、まとめて契約といいます）のようにプロジェクトの最終期限が定まっている案件については、その契約の期限の数年前に融資の最終期限を置くことになります。なぜならキャッシュフローはその契約に基づいて生まれるものであるため、契約が終了した瞬間にキャッシュフローが予測できなくなるからです。契約期限の数年前に融資の最終返済期限を設けるのは、プロジェクトが途中で遅延したり一時停止したりすることを想定しているためです。この融資の最終返済期限と契約期限との間の幅を「テール」と呼ん

でいます。

　融資の最終返済期限は必ずしも、PPA契約やコンセッション契約の契約期限の数年前までとは限りません。例えばプロジェクトの所在国のポリティカルリスクにも影響を受けます。開発途上国でのプロジェクトは当該国の政治経済や法制度の安定性に不確かな面が否めず、長期間の融資は難しい面があります。したがって、過去同国で同様のプロジェクトファイナンスがある場合はその返済期間が前例となりその期限の延長をできるかどうかを議論していくことになります。10年間の返済期間を11年間に延長することであってもレンダーは非常に慎重です。レンダーは10年間から11年間へ1年の期限の延長することによるリスクの増大額は、融資額を1.1倍にすることによるリスクの増大額よりも大きいと考えます。また、プロジェクトの設備の耐用年数も返済期間に大きく関係します。したがって、返済期間の延長の交渉は簡単ではありませんが、スポンサーにとってエクイティIRR向上に貢献しますのでトライする価値はあると思います。

借入金利の低下、Feesを抑えることでデットを極大化する（❸）

　Debt Serviceを減らす方法の二つ目は、Debt Serviceの要素の一つである借入金利やFeesを減少させることです。レンダーと交渉して、なるべく借入金利やFeesを下げてもらうよう依頼します。借入金利やFeesが下がる事でコストが下がるため、スポンサーのエクイティIRRが上がることは、感覚的にお分かりになると思います。また借入金利が下がる事で1回あたりの返済額を増やすこともでき結果として借入額を増やすことができますので、エクイティIRRが上昇します。

　これらをまとめますと、
❶　最低DSCRの値を低くする⇒借入額の増加⇒レバレッジが高まる⇒エクイティIRRの上昇

❷　返済期間の延長⇒1回当たりの返済額の減少⇒配当が前倒しされる⇒エクイティIRRの上昇

❷′　返済期間の延長⇒Debt Service中の1回当たりの返済額減少分を借入額の増加に充当する⇒借入額の増加⇒レバレッジが高まる⇒エクイティIRRの上昇

❸　借入金利、Feesの低下⇒コストの低下⇒エクイティIRRの上昇

❸′　借入金利、Feesの低下⇒Debt Service中の金利減少分を借入額の増加に充当する⇒借入額の増加⇒レバレッジが高まる⇒エクイティIRRの上昇

となります。

　通常の案件の場合、エクイティIRRは、プロジェクト収入の増加、およびコストの低減による利益（＝キャッシュフロー）の増加によって、高めることができます。しかし、プロジェクトファイナンスではキャッシュフローの「増加」よりも「安定」を求めます。

　つまりプロジェクトファイナンスにおけるキャッシュフローは大きく変動しないことが大前提であるため、エクイティIRRを高めるには、返済期間、最低DSCR、借入金利・Fees、借入額の4つの要素による効果が大事になってきます。4要素を変更することによってエクイティIRRがどの程度変化するかを事例で説明します。

　図表4-8は、上記❶〜❸′の条件がエクイティIRRに具体的にどのような影響を与えるかについて、一定の条件のもとでキャッシュフローを計算してみたものです。

　前提条件として、プロジェクト総額を＄600mil、CFADSを＄74mil（年間）、プロジェクト期間を2年（建設期間）＋15年（操業期間）とし、ベースケース（❶）は、デット：エクイティが70：30（＝＄420mil：＄180mil）、金利3％、返済期間10年、DSCRを1.5としています。❶はDSCRを1.5から1.3に低下させ借入額を増額したもの、❷は返済期間を12年に延長したもの、❷′は同様に

図表4-8 融資条件によるDebt：EquityとエクイティIRRの変化

	金利	返済期間	DSCR	Debt：Equity	エクイティIRR
❶	3%	10年	1.5	70：30	13.38%
❷	3%	10年	1.3	81：19	16.26%
❸	3%	12年	1.75	70：30	14.63%
❸′	3%	12年	1.5	82：18	19.17%
❹	2%	10年	1.58	70：30	14.23%
❹′	2%	10年	1.5	74：26	15.19%

（前提）
プロジェクト総コスト： $600mil
プロジェクト期間：2年（建設期間）+15年（操業期間）
Cash Flow Available for Debt Service： $74mil（年間）

返済期間を12年に延長した結果として生まれる返済余裕分を借入額の増額に回しつつ、DSCRを1.5にキープしたもの、❸は借入金利を3%から2%へ低下させたもの、最後の❸′は借入金利の低下分を借入額の増加に回しつつ、DSCRを1.5にキープしたものです。単純化のために税金の影響は含めていません。

❶のベースケースは、エクイティIRRが13.38%となりますが、❷のケースでは、デット：エクイティが81：19（= $486mil： $114mil）とエクイティの拠出額がベースケース（❶）に比べ約3分の2となり、エクイティIRRが16.26%へ向上します。❸以下のケースにおいても、エクイティIRRの増加がみられるほか、借入額を増やした場合はエクイティ拠出額を抑えることができます。このように、キャッシュフローに対する借入余力をDebt Capacityと呼びます。

もう一度、図表4-5に戻ってこれまでの説明をまとめます。キャッシュフローの安定化策により、CFADSは予見可能な数値となりました。そのCFADSは変えないまま、プロジェクトファイナンスの融資条件の❷最低DSCRを低くする、❸′返済期間を延長する、および❹′借入金利・Feesを低下させることにより、借入額を増加させることができるため、エクイティIRRが向上します。

また❷返済期間の延長、および❸借入金利・Fees の低下は直接的にもエクイティ IRR を向上させます。

　レンダーとはハードな交渉になりますが、最低 DSCR 値の低下、返済期間の延長、借入金利・Fees の低下を勝ち取れれば、エクイティ IRR の向上が期待できます。

タームシートの作成

　セキュリティーパッケージが合意されると、タームシートという文書を作成します。タームシートはセキュリティーパッケージの合意内容が反映されたものであり、今後作成される融資関連契約書の簡易版となります。タームシートに記述される主な項目は以下の通りです。

1. 関係者名（Parties）
2. プロジェクトおよび資金調達計画（Project and Financing Plan）
3. ファシリティー（Facilities）
4. 各種手数料、期限前返済（Fees and Prepayment）
5. 融資関連契約（Financing Documents）
6. 担保（Security）
7. 貸出先行要件（Conditions Precedent）
8. 表明保証（Representations and Warranties）
9. 誓約条項（Covenants）
10. 債務不履行事由（Event of Default）
11. 資金管理規定（Account Structure）
12. その他（Miscellaneous）

　タームシートの具体例を以下に示します。

関係者名 （Parties）	
借入人	借入人名
株主	株主名
幹事銀行	幹事銀行名
貸出銀行	貸出銀行名
ロールバンク	ロールバンク名

プロジェクトおよび資金調達計画 (Project and Financing Plan)	
プロジェクト概要	○○ MW のガスコンバインドサイクル発電所の建設・運営、PPA 契約あり、○○に立地し、プロジェクト総額は $ ○○ million、○年○月完工予定
デットエクイティ	デット○○％、エクイティ○○％
出資方法	デットとエクイティはプロラタ（残高按分比例）拠出
ファシリティー (Facilities)	
長期ローン (Term Loan)	・Term Loan A $ ○○ mil ・Term Loan B $ ○○ mil 相当の現地通貨建
運転資金枠	・Revolving Working Capital Loan Facility $ ○○ mil 相当の現地通貨建
保証状枠	・Letter of Guarantee Facility $ ○○ mil 相当の現地通貨建
資金使途	・Term Loan A、B はプロジェクト建設コスト向資金、 ・Revolving Working Capital Loan Facility は経常運転資金、 ・Letter of Guarantee Facility は買電先向差し入れ Letter of Guarantee 発行用の与信枠
貸出実行可能期間 (Availability Period)	・Term Loan A、B：初回貸出日から次のうちの最も早い日、(a) Term Loan A、B の限度額までの貸出が行われた日、(b) 初回貸出日から36か月後、(c) 完工日から6か月後 ・Revolving Working Capital Loan Facility：完工日 6 か月前から最終返済日まで ・Letter of Guarantee Facility：完工日 6 か月前から PPA 最終日まで
金利・手数料	・Term Loan A：初回貸出日から 10 年間は固定スワップレート＋○○％、10 年目以降は固定スワップレート＋○○％ ・Term Loan B：現地通貨建 3 か月物金利＋○○％ ・Revolving Working Capital Loan Facility：現地通貨建短期プライムレート＋○○％ ・Letter of Guarantee Facility：手数料○○％
返済スケジュール	・Term Loan A、B：初回返済を○年○月とし以降半年ごと
最終期限	・Term Loan A、B：初回貸出から○○年後もしくは○年○月のいずれか早い方
各種手数料、期限前返済 (Fees and Prepayment)	
融資手数料 (up-front fee)	・融資額の○％相当
コミットメントフィー	・貸出承諾額の未実行残高に対して、○○％

期限前償還	・1百万ドル以上、10万ドル刻みで期限前償還可能 ・充当順位はインバースオーダー、任意期限前償還の場合は手数料1％、強制期限前償還の場合は手数料なし、ただしスワップブレークファンディングコストは借入人負担
Debt Equity true up	・貸出実行可能期間終了時において、貸出総額が貸出予定額を下回る場合にEquityとDebtの負担割合を明記

融資関連契約（Financing Documents）

・Common terms Agreement（共通融資条件契約書）
・Inter-creditor Agreement（レンダー間協定書）
・Facility Agreement（融資契約書）
・Shareholders' Direct (Undertaking) Agreement（株主直接契約書）
・Security Documents（担保関係契約書）
・Hedging Agreements（ヘッジ契約書）
・Direct Agreement（直接契約書）
・Completion Agreement（完工保証契約書）

担保（Security）

担保	・土地建物抵当権 ・機械抵当権 ・主要契約 ・EPC拠出ボンド ・プロジェクト口座質権 ・許可された投資（預金等） ・保険金請求権の質権 ・借入人の株式
株主サポート	・建設予算超過の場合、＄Omilを上限に株主が劣後ローンないし増資（Cost Overrun Support） ・操業中の資金不足の場合、＄Omilを上限に株主が劣後ローンないし増資（Cash Deficiency Support） ・完工遅延の場合、＄Omilを上限に株主が劣後ローンないし増資
Limited Recourse	・上記以外は借入人の支払い能力に限定される

貸出先行要件（Conditions Precedent）

初回貸出先行要件	・株主および借入人の借入決議が確認されること ・融資関連契約が調印済であること ・レンダーの弁護士から最終のデューデリジェンスレポートを受領していること ・レンダーの各アドバイザーから最終のデューデリジェンスレポートを受領していること ・サイン済EPC契約の写し ・担保関係書類の手続き ・土地建物の抵当権登記

	・借入人株式の質権設定
	・許認可の取得
	・各種法律意見書
	・EPC 契約が有効であることを証するレンダー技術アドバイザーの証明書
	・保険契約が有効であることを証するレンダー保険アドバイザーの証明書
	・投資許可証
	・サイン済 PPA
	・融資関係書類の印紙（Stamp Duty）支払済証明
	・スポンサーによる出資済証明
	・プロジェクト口座の開設
	・キャッシュフローモデルの確定
	・直近の SPC および株主の財務諸表
	・保険付保
	・融資関係の手数料が支払い済であること
	・ESIA（環境社会影響評価）の実施及び承認
	・環境社会履行計画の策定
	・ヘッジ取引が完了していること
	・Direct Agreement の締結
2回目以降の貸出先行要件	・建設許可証、操業許可証
	・発電許可証、そのほかライセンス
	・サイン済 PPA
	・保険関係書類
	・EPC 向け支払いに関する技術アドバイザーの確認
	・表明保証
	・債務不履行事由（Event of Default）が発生していないこと

表明保証（Representations and Warranties）

表明保証	・ステータス（設立され、有効に存続していること）
	・各契約上の義務を負っていること
	・各契約を締結する権限を有していること
	・他の契約との非接触（各契約の締結や履行が、適用法令等に違反しないこと）
	・事業のための許認可を取得済で現在も有効であること
	・法律に抵触していないこと
	・公租公課を支払っていること
	・債務不履行事由（Event of Default）がないこと
	・誤解を生じさせる情報提供がないこと
	・財務諸表を提出していること
	・プロジェクトに必要な資産を保有していること
	・事業実施に必要でない他の事業や子会社を保有していないこと
	・担保権が有効かつ執行可能であること
	・プロジェクトに関係する契約が有効に成立していること
	・プロジェクトに関係する契約が適正で不備なく正確であること

- プロジェクトに関係する契約に重大な変更修正がないこと
- プロジェクトに関係する契約に契約違反や紛争事案がないこと
- 訴訟事案がないこと
- 必要とされる保険契約が有効であること
- 融資契約上の債権者の権利は他の無担保債権者とパリパスであること
- 定められた借入以外に負債がないこと
- 倒産事由が発生していないこと

誓約条項 (Covenants)

情報提供義務	・SPC と株主の財務諸表を提出すること
	・プロジェクト予算を提出すること
	・操業費予算、保守関連予算を提出すること
	・建設中は月次進捗報告を提出すること
	・操業中は操業報告を提出すること
	・環境社会配慮を遵守しているとする報告書を提出すること
	・下記事象が発生した時に通知をすること
	・債務不履行事由（Event of Default）が発生した時
	・各契約においてフォースマジュールが発生した時
	・新たなプロジェクト契約を締結した時
	・重大な事態に至る紛争、訴訟の発生があった時
	・重大な事態に至るプロジェクト契約の変更等があった時
	・政府承認事項に変更や停止があった時
	・建設予算超過や完工遅延となる時
	・SPC の株主や取締役が変更となる時
	・環境社会配慮に関する規制等に違反した時
	・プロジェクト契約における違反があった時
	・プロジェクト資産に重大な損害が出た時
	・重大な事態に至る可能性がある時
	・本人確認（KYC：know your customer）があった時
財務制限条項	・半年ごとの DSCR が 1.〇以上であること
	・半年ごとの LLCR が〇以上であること
	・デット：エクイティが、〇：〇以下であること
誓約事項	・自らの存続と権利の維持のために必要な行為を行うこと
	・法令を遵守すること
	・設定された担保権を維持すること
	・プロジェクト契約上の義務を遵守すること
	・資産譲渡、資産処分を行わないこと
	・貸出金は融資契約上認められた目的に使用すること
	・予算上認められたもの以外に投資を行わないこと
	・買収、投資、子会社設立を行わないこと
	・増資以外で定款を変更しないこと
	・必要な全ての税金を支払うこと

165

- 自らの資産に関して、他者による担保権の設定を許すことなく、法律的に有効な権利を維持すること
- 認められた担保権（Permitted Lien）以外に担保権の設定を認めないこと
- 決められた方法以外で配当を行わないこと
- 合併、統合を行わないこと
- 資本構成を変えないこと
- 事業を変更しないこと
- 認められている以外の融資、債務保証を供与しないこと
- 認められている以外の債務を負わないこと
- 株主、スポンサー、関連会社との取引を行わないこと（通常の取引およびアームズ・レングスベースのものを除く）
- 認められている以外の銀行口座の開設を行わないこと
- プロジェクト契約に則り操業、メンテナンスを行うこと
- 完工後〇か月以内に機器に対し担保権設定の上登記を行うこと
- 必要な許認可を取得し、有効に保持すること
- 必要な保険を付保し保険契約に従うこと
- SPC の株式を処分しないこと

債務不履行事由 (Event of Default)

- 融資契約上支払義務のある金額の不払いがある場合
- スポンサーサポート契約において定められたスポンサーからのサポート（資金供与等）がなされない場合
- その他融資契約上の義務を一定期間経過後も守らなかった場合
- 表明保証違反が一定期間経過後も改善されない場合
- 誓約条項違反が一定期間経過後も解消されない場合
- クロスデフォルト（本融資契約以外での債務不履行）が発生した場合
- 裁判で敗訴し支払命令を受けた場合
- 建設、操業を中止した場合
- 倒産・破産した場合
- 融資契約およびプロジェクト契約上の義務が違法とされた場合
- 融資契約およびプロジェクト契約上の義務の履行を拒絶した場合
- 融資契約およびプロジェクト契約が無効または取消になった場合
- プロジェクトに重大な影響をもたらす要因（MAC、MAE）が発生した場合
- 保険契約が失効した場合
- 担保権が無効または行使不能となった場合
- 建設予算超過となった場合
- 建設資金不足となった場合
- 完工期限（Long stop date）までに完工しなかった場合
- 土地の所有権や使用権を失った場合
- SPC の株式の譲渡制限違反が発生した場合
- プロジェクトに必要な許認可が取消、変更、更新不可となった場合
- 環境社会配慮における義務を怠った場合

資金管理規定 （Account Structure）	
	・収入口座 （Revenue Account） ・運営費口座 （Operation Account） ・元利金返済口座 （Debt Service Account） ・借入返済準備金口座 （Debt Service Reserve Account） ・メンテナンス準備金口座 （Major Maintenance Reserve Account） ・配当金口座 （Distribution Account）

その他 （Miscellaneous）	
ヘッジ契約	・金利固定を行うヘッジ契約を行うこと。ヘッジ対象は金利エクスポージャーの〇％とする。
レンダー間での意思決定	・全レンダーで協議の上投票により意思決定する場合、融資コミット額もしくは貸出残高のシェアで決定することとし、〇％超の賛成を必要とする。
費用支払	・SPC は融資契約に関係する必要費用を負担する。
貸付債権譲渡	・他の金融機関への貸付債権の譲渡を認める。同意手続きの要否、格付要件の有無、などを定める。
ドキュメンテーション	・通常の Banking Standard and Practice で行う。 ・融資契約のほか、スポンサーサポート契約、担保契約を作成する。
準拠法・紛争解決	・英国法、紛争解決は〇〇において行う

ドキュメンテーション

　タームシートがまとまれば、タームシートに基づいて契約書を作成していきます。契約書は弁護士が作成しますが、海外のプロジェクトファイナンスの場合は当然ながら英文契約書となり、かなりのページ数となりますので、英文契約書を初めて取り組む場合には相当苦労します。英語の問題そのものはもちろん、英文契約書独特の言い回しや法律的観点からの難しさもありますので、弁護士とよく相談しながら進めます。ドキュメンテーションにおいても、レンダーとの交渉が続きます。弁護士任せにせず、自分が納得できるまでしっかり交渉しましょう。

　以下、ドキュメンテーションの内容に入る前に、英文契約書の一般的なポイントをまとめます。

(1) 英文契約書の勘所

- ・当然ですが、英文をきちんと理解します（下記（2）英語の問題　参照）
- ・商務問題（Commercial issue）と法律問題（Legal issue）を峻別し、弁護士と役割分担します
- ・Commercial issue は弁護士に相談せず、自分で判断します
- ・一方、Legal issue は素人判断をしないようにして、弁護士の意見を聞きます
- ・英文契約の相場観を養うために、過去の英文契約を参照します
- ・とはいうものの、過去の前例に捉われないようにします

(2) 英語の問題

- ・何が述べられている条文かを推測します
- ・SVOC を見つけ、主文を理解します

- 修飾（関係代名詞・形容詞・副詞）の掛り方を整理します
- 並列関係（and、or）にある単語・節を整理します
- 助動詞（shall、may）の意味を正確に理解します
- 代名詞（it や this）が何を指すのかを確認します
- 否定（部分否定、二重否定）の構文が多用されるので、よく確認します
- 場合分けは面倒がらずに樹形図を作成して理解します
- 日本語として意味の通じる（腹に落ちる）訳文にします
- 時間のあるときにできるだけ多くの英文契約書に目を通しましょう

(3) 英文契約書のポイントは下記3つの条項

- 表明保証（Representations and Warranties）
- 誓約条項（Covenants）
- 債務不履行事由（Event of Default）

　セキュリティーパッケージを協議する時点で大抵の条件はタームシートに織り込み済なので、ドキュメンテーションにおいて、レンダーと SPC が議論するポイントは限られますが、タームシートで定めていなかった細かい誓約条項（Covenants）や表明保証（Representations and Warranties）において協議を行うことが少なくありません。

(4) ドキュメンテーションのポイント

- 想定された取引実態を正確に表しているか
- 当該取引における権利が明確か
- 当該取引における義務が明確か
- 権利・義務の例外、免除、猶予は妥当か
- 不履行（Default）の定義は妥当か
- Default による権利義務関係の変化は妥当なものか
- 不可抗力（Force Majeure）の定義は妥当か

・当該 Force Majeure による権利義務関係の変化は妥当なものか

・当該 Default・Force Majeure による賠償は妥当か

・準拠法、管轄裁判所、仲裁手続は妥当か

　プロジェクトファイナンスにおける融資関連契約書（ファイナンスドキュメンツ）は図表 4-9 の通りです。

　Common Terms Agreement（共通融資条件契約書）とは、公的金融機関と市中銀行が協調して融資を行う等、多数のレンダーが参加する場合に、共通する融資条件を定めたものです。

　Shareholders' Direct Agreement（株主直接契約書）は、スポンサーのレンダーに対する義務が規定されているものです。スポンサーによる出資金払込やスポンサーの SPC 株式の譲渡制限、レンダーから求められるスポンサーによる SPC

図表 4-9　融資関連契約書

契約名	説明
Common Terms Agreement (CTA)　共通融資条件契約書	共通融資条件である、貸出先行要件、表明保証、誓約条項、債務不履行事由等を規定したもの
Facility Agreement (FA)　融資契約書	融資契約のうち（資金授受等）事務的内容を規定したもの
Completion Agreement 完工保証契約書	完工保証、完工保証の解除について規定したもの
Security Documents 担保関係契約書	担保・登記について規定したもの
Hedging Agreements ヘッジ契約書	金利固定、通貨交換について規定したもの (Swap Counter Party が契約相手先となる)
Shareholders' Direct Agreement　株主直接契約書	出資金払込方法、株式譲渡制限、スポンサーサポートについて規定したもの
Direct Agreement 直接契約書	レンダーと当該国政府（政府機関）等のプロジェクト関連当事者との間で直接締結する契約
Inter-creditor Agreement レンダー間協定書	レンダー間で結ぶ契約、レンダー内の意思決定方法などを規定したもの

へのサポート（資金サポート、技術サポート等）について規定します。

Direct Agreement（直接契約書）は少し分かり難いのですが、SPC と関連当事者との各種契約において契約不履行が生じる事態となった場合、レンダーと関連当事者と SPC とが事態の打開をはかれるようにするための契約です。例えば SPC の契約不履行によって、一方的に契約解除とならないように猶予期間を置くようにするとか、レンダー（またはレンダーの代理人）が SPC と協働して契約不履行を治癒できるようにするとか、SPC に代わり契約当事者となり権利と義務を承継する（ステップインといいます）といった内容です。Direct Agreement を通して、レンダーが一歩踏み込んでプロジェクトをコントロールできるようにするわけです。特にインフラプロジェクトの場合、プロジェクト所在国政府との Direct Agreement（Acknowledgement and Consent 契約等）は重要な意味を持ちます。インフラプロジェクトは所在国にとってなくてはならないものですので、所在国政府はプロジェクトをレンダーのコントロール下に置きたくないと考えるためです。一方でレンダーは Direct Agreement に規定された条項をレバレッジにして、所在国政府にプロジェクトの正常化を図るよう圧力を掛けることができます。Direct Agreement の締結は貸出先行要件になりますが、プロジェクト所在国政府との交渉には時間を要することが多いので注意します。

そのほかの契約書の内容については、図表 4-9 の説明の通りです。

最後にセキュリティーパッケージで合意された各種リスク負担が契約書にどのように記載されるかを確認しておきます。それは図表4-10の通り、単純ではありません。タームシートには合意内容が記載されますが、その内容は共通融資条件契約書の貸出先行要件、表明保証、誓約条項、債務不履行事由、または株主直接契約書、直接契約書、担保関係契約書等に分散されて記載されます。少し慣れを必要としますので、タームシートで書かれた条件がどの契約書のどこに記載されているのかよく確認してください。

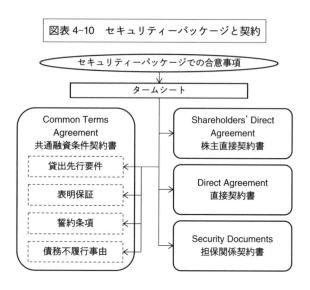

図表4-10　セキュリティーパッケージと契約

シンジケーション

　クラブディールでない場合、ドキュメンテーションと並行して市中銀行のシンジケーションを行います。タームシートで決められた条件で市中銀行の参加を募るもので、シンジケーションから参加する市中銀行はタームシート条件を前提に参加の可否を決めます。シンジケーションで参加する銀行は、スポンサーとの融資関係が無くても参加可能であり、コストを掛けずに融資参画できるほか、プロジェクトファイナンスの実績も積めるというメリットがあります。また各幹事銀行はシンジケーションから参加する銀行が加わることで自行の貸出額を抑えることができます。

調印

ドキュメンテーションが終わり各種契約書も完成すれば、いよいよ調印（ファイナンスクローズ）です。フィナンスクローズで各契約が発効します。前述の通りファイナンスクローズは2種類（Dry Close、Wet Close）ありますので注意が必要です。

Dry Close は、ドキュメンテーションが終了し、各契約が全て合意できた際に行うもので、ここでレンダーが貸出をコミット（約定）します。また Dry Close 時もしくは一定期間後に融資手数料（アップフロントフィー、フロントエンドフィー、ファシリティフィー）の支払いが行われます。関係者が集まって盛大な調印式（サイニングセレモニー）が開かれることがあります。

貸出金の交付（貸出実行）のためには、貸出先行要件（CP：Conditions Precedent）を満たす必要があります。Wet Close は、貸出先行要件（CP）が充足され、第1回目の貸出が実行される時のことを言います。プロジェクトファイナンスの貸出先行要件は多岐に亘り、その充足には通常1か月から3か月かかります。Wet Close を迎えることで、貸出金の交付が始まるので、SPC は EPC コントラクターに対し建設開始を指示します（着工指示、NTP：Notice to Proceed）。つまり、Wet Close まで建設を開始できないわけです。したがって、プロジェクトのスケジュール策定においては、Dry Close よりも Wet Close が重要なポイントになります。また、PPA 契約やコンセッション契約等で定義されるファイナンスクローズは Wet Close を意味することが多く、契約上ある時点までにファイナンスクローズを迎えることが契約上の条件になっていることがあります。

通常の銀行融資の場合、契約調印と貸出実行が終われば、レンダーとの交渉は一段落となりますが、プロジェクトファイナンスはそうではなく、貸出の実行を受け続ける間も、様々な書類提出や報告が必要となります。次章では調印後の管理について説明していきます。

契約入札時の検討事項

　本章 SECTION 5「キャッシュフローの交渉」で説明したエクイティ IRR を高める方法の応用問題となりますが、IPP の PPA 契約や PFI 事業契約の入札時に検討すべき事項を整理してみます。入札となるわけですから、なるべく低い価格を入札する必要があります。低い入札価格にすると、キャッシュフローが少なくなるため、エクイティ IRR も厳しくなります。したがって、操業費等を抑えるとともに、プロジェクトファイナンスの融資条件を変えることによってエクイティ IRR を高めることが必要になります。

　図表 4-11 はエクイティ IRR を高めつつ、入札価格を低く抑えるための 6 つの条件を示したものです。①は操業費等を低減することですが、コスト低減には限界がある上、長期間ですと不確定要素も大きいため無理なコスト抑制は避けた方がよいでしょう。②は建設費をなるべく抑えることです。EPC コントラクターと交渉して EPC の見積価格を引き下げるようにします。③から⑥は本章 SECTION 5 と同じ説明になります。③と⑤は最低 DSCR の値をなるべく下げて借入金額をなるべく増やしデット：エクイティのデットの割合を増やすことです。④は借入金利を低下させることです。⑥は返済期間をなるべく長くして返済をゆっくり行うことでエクイティ IRR を高めるようにすることです。

　上記 6 条件を工夫することにより、エクイティ IRR をなるべく下げずに入札価格を抑えることができるわけです。ただし、気を付けなければならないのは、①の操業費等は将来の見込み価格であること、②の EPC の価格はあくまで EPC コントラクターの見積価格である点です。さらに③～⑥の融資条件はレンダーから聴取したものであっても、入札時にレンダーは当該融資条件をコミット（約束）しませんので、落札後、銀行から提示される融資条件と差異が出ないようにしなければなりません。レンダーから融資条件を聞き出す際は、Financial Advisor とよく相談しながら、実現可能性の高い値を用いるべきです。

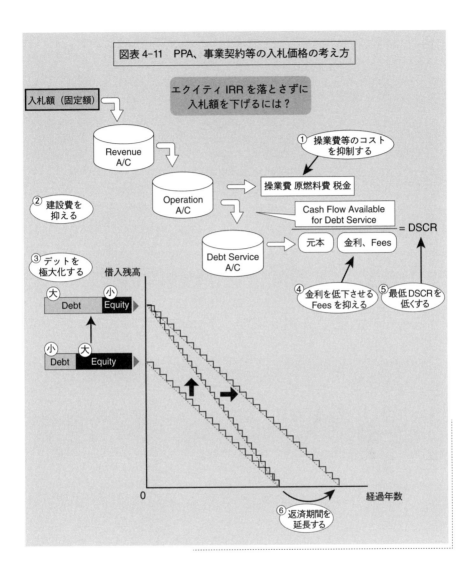

図表 4-11　PPA、事業契約等の入札価格の考え方

175

第 **5** 章

建設管理・完工後管理・完済

貸出先行要件の充足

　調印が終われば、いよいよ借入の準備に入ります。前章で説明した通り貸出金の資金交付を受けるためには、貸出先行要件（CP：Conditions Precedent）を充足し Wet Close を達成せねばなりません。貸出先行要件の例は図表 5-1 の通りです。

　貸出先行要件は多岐に亘りますので、しっかりとスケジュールを立て期日管理していかねば、いつまでたっても初回の資金交付を受けられません。初回の資金交付が実現しないと、EPC コントラクターに対し、着工指示（NTP：Notice to proceed）が出せず、プロジェクトの完工が遅延してしまいます。

　貸出先行要件充足の遅延の発生原因になりやすいものを挙げますと、

図表 5-1　貸出先行要件（CP：Condition Precedent）の例

Initial Condition Precedent（初回借入のための CP）	
契約関係	プロジェクト関連契約　締結、有効化、写し提出 ファイナンス関連契約　DD レポート、法律意見書（L/O）
ヘッジ	ヘッジ取引完了
担保	担保権の設定
事業会社	定款提出、登記登録等 社内意思決定書類提出 出資（増資）の登録 財務諸表提出 口座開設 許認可、環境社会履行計画の提出 その他表明保証
キャッシュフロー表	監査完了、正本提出、ヘッジ確定後の再検証
請求書	貸出のための EPC の請求書（Invoice）
法律意見書	貸出先行要件充足を証する Legal Opinion

※　Initial CP のほか 2 回目以降の貸出のための On Going CP（CP to all advances）がある

①　現地当局による許認可関係手続

②　担保権の設定、登記手続

③　法律意見書の作成

があります。

　上記①②は現地での管轄当局の事務が遅いことや、登記制度等の整備が遅れていることが背景に考えられます。遅延を防ぐためには当局に督促することが大事ですので、もし現地側のスポンサーが存在する場合はそのサポートを依頼することや、コンサルタントや弁護士を使うことも考えるべきです。上記③の法律意見書が遅れる背景は、多くの貸出先行要件それぞれの確認に時間を要するためです。実務的には充足していても法律的には未達ということがあり、弁護士と緊密に相談することが大事です。

　万一、貸出先行要件のうちどうしても充足できない要件が明らかになった場合は、早めにレンダーに相談します。なぜなら、レンダーが貸出先行要件の一部を猶予または免除（Waive）するには、レンダー間の意思決定が必要となり時間を要するからです。

レンダーへの報告事項

　Wet Closeを迎え初回資金交付が受けられ、建設が開始されれば、プロジェクトファイナンスによる資金調達は一つの区切りを迎えます。しかし、Wet Close後も頻繁にレンダーとのやり取りが生じます。この点はコーポレートファイナンスと大きく違う点です。

　なお、レンダー側では案件を担当するチームがクローズ（Dry CloseかWet Close）を境に銀行内で移管されることが多いです。クローズまでを担当する営業チームからクローズ以降を担当する案件管理チームに引継がれることになります。プロジェクトファイナンスは契約内容や事務手続きが複雑であることから、SPCは案件管理チームとの意思疎通に配慮して、レンダーとの信頼関係を崩すことのないように留意するべきです。

　話を戻しますと、レンダーへは多くの報告書類を提出することになります。クローズ後の報告書類の例は図表5-2の通りです。

　このうちアドバイザーレポートは、レンダー側のアドバイザーに情報を提供

図表5-2　クローズ後の銀行への報告書類の例

項目	提出物の例
建設	建設進捗レポート、技術アドバイザーレポート
操業	操業レポート、年間予算、定期修理予定・報告、 スペアパーツ在庫、技術アドバイザーレポート
財務	SPCの四半期毎の財務諸表、プロジェクト関係者財務諸表 DSCR等の各種Ratio Report、Project Cashflowの改訂版
保険	保険更新書類、保険アドバイザーレポート
環境	環境社会配慮アドバイザーレポート
その他	担保の登記（後刻登記となる場合） 各種許認可取得、更新についての報告

した上で、アドバイザーが作成したレポートをレンダーに提出するものですので、スケジュールには余裕を設けておく必要があります。

　なお、プロジェクトファイナンスとは直接関連はありませんが、海外でのEPC契約上の留意点を図表5-3にまとめました。国内の事情とは大きく異なり、建設中にリスクの発現する可能性も高いため参考にしてください。

図表5-3　海外EPC契約における留意点

・EPC契約上、請負が徹底しているため、発注者（SPC）があまり口を出さない（出せない）
・完工時、請負者の義務は殆ど免除されることから、完工テストは厳格に実施するべきである
・EPC契約に基づく権利義務関係は極めて厳格であり、紛糾した場合は責任の押し付け合いになる
・契約違反は金銭（LDs：Liquidated Damages（リキダメ））＊での解決が基本
　＊完工遅延、性能未達等の契約違反により生じ得る損害額を事前に見積り、契約違反の際にはその額を賠償額とみなす取決め
・不可抗力（フォースマジュール）が原因でEPCコントラクターと係争になる場合が多い
・解決できない場合は仲裁に持ち込むことも珍しいことではない
・FIDIC（国際コンサルティング・エンジニア連盟）契約約款は発注者と請負者の間でのバランスの取れたリスク分担原則が採られている国際標準の契約雛形であるため参考にする
・日本国内契約や業務慣習とは大きく異なる点、留意
・海外の建設工事においては、現地での技術レベルはまちまちであること、特に品質管理レベルが劣ること、複数の請負者同士、およびチーム内での情報交換が乏しい傾向にあることに留意

完工認定

　建設が進みいよいよ完工を迎えます。完工を迎える前に完工テストを実施します。第2章SECTION 5（7）で述べた完工テストの説明の繰り返しになりますが、EPC契約上の完工テストによって「物理的完工（Mechanical CompletionまたはPhysical Completion）」が認定されます。この完工テストにはレンダー側の技術アドバイザーの立合いが求められます。EPC契約上の完工テストだけでは不足であるとレンダーが考える場合は、レンダー信頼性テスト（Lender's Reliability Test）が実施され銀行独自のより厳しい完工基準（長期間の操業実績）を満たすことで操業完工（Operational Completion）が認定されます。

　「物理的完工」の認定と同時に「財務完工（Financial Completion）」の認定も必要となります。「財務完工」とは、① Debt Service Reserve Account（借入返済準備金口座）に次回元利金相当額を積み立てて（もしくは同額相当の銀行保証状（L/C）を差し入れて）いること、② DSCRやLLCRが規定値を上回っていること、③スポンサーによる出資金が全て払い込み済であること、④デットエクイティ比率が想定通り以上であること、⑤担保権の設定が完了していること、などが充足されることを言います。プロジェクトファイナンス融資にスポンサーによる完工保証がある場合は、完工認定されることで、完工保証が解除されます。

SECTION **4**

融資契約違反時の対応

　プロジェクトファイナンスにおいて融資契約上の契約違反は様々な事象から発生します。プロジェクトファイナンスは、返済原資を SPC のキャッシュフローに依存していますので、キャッシュフローに影響を与えるあらゆる事象が融資契約違反のトリガー（引き金）となっています。この網目のように張り巡らされたトリガーを全く抵触せずに、プロジェクトが運営できることは極めて稀で、常に各種融資契約違反に神経を使う事になります。

　トリガーとなる融資契約違反は、表明保証（Representations and Warranties）違反であったり、誓約条項（Covenants）違反であったりしますが、重大な違反となると債務不履行事由（Event of Default）違反に繋がります。図表 5-4 は債務不履行事由（Event of Default）に繋がる主な原因例です。

　Event of Default には通常治癒期間（Cure Period）が設けられています。レンダーは Event of Default をもって即時に期限の利益の喪失を宣言せず、契約上一

図表 5-4　債務不履行事由（Event of Default）に繋がる原因例

①	完工遅延、予算超過
②	性能未達
③	操業不冴
④	事故・故障
⑤	不可抗力（Force majeure）
⑥	市場環境の悪化（価格、販売量）
⑦	規制・政策変更
⑧	プロジェクト関係者の倒産
⑨	不適切なプロジェクトマネジメント
⑩	事業計画に元々無理があった場合
⑪	財務制限条項違反

定期間を設けて治癒期間（cure period）内に事態の回復を図らせるようにしています。この状態を Potential Event of Default と呼ぶことがあります。Event of Default が明白となった場合、Event of Default を免除するかどうか、レンダーの間で意思決定が図られます。Event of Default が免除されないこととなった場合、レンダーとしての救済策（remedy）を適用するかどうか、レンダーの間で意思決定が行われます。レンダーが救済策を適用することになった場合、SPC に Default 通知を送付し、追加融資の実行停止、融資コミット額のキャンセル、融資全額一括返済、担保権の実行などの措置が取られることになります。

　このような事態を招いてはプロジェクトが頓挫しますので、Event of Default が発生した場合は、治癒期間（cure period）内に事態の回復を目指します。それでも Event of Default の解消が見込めない場合は、レンダーに Event of Default の猶予または免除（Waive）を求めます。さらにその後も繰り返し同じ Event of Default が発生するようなら、レンダーに Event of Default 条項の修正（Amend）を求めます。しかし Event of Default が発生してから、レンダーに Event of Default の猶予または免除（Waive）や修正（Amend）を要請しても、レンダーにとっては何ら利益にならないので、レンダーが要請に応じることはありません。SPC やスポンサー側は、レンダーにとってセキュリティーパッケージ（債権保全策）が強化される手段を提供し、レンダーと互いに痛み分けをする必要があります。債権保全策を強化する手段としては、配当の一時中止やスポンサーによる増資や親子ローンの供与で SPC に資金を注入するなど、SPC のキャッシュフローの厚みを増すような方策が想定されます。またレンダーにとってベネフィットとなる、借入金利の引き上げや修正（Amend）手数料が必要なことがあります。

　そもそも Event of Default に抵触してはなりませんので、セキュリティーパッケージやタームシートを交渉する際に、Event of Default 事項を増やさず、レンダーの債権保全に真に影響の大きい Event of Default のみに限定することが重要です。

　プロジェクトファイナンスのセキュリティーパッケージ策定は、案件のリスク特性に沿った形で、SPC とレンダーが協議を重ねテイラーメイドで行われま

すが、クローズ後の案件管理においても契約違反時の対応にテイラーメードで対応していくことになります。レンダーが SPC に、事細かい報告や各種指標の提出を義務付けているのも、このような契約違反の芽を予め察知するためであり、僅かな Event of Default への兆候がトリガーとなって、取返しのつかない大事に至る前に SPC とレンダーで適切な対処を検討することにしています。

　以前も述べた通り、レンダーは Event of Default をもって、SPC に即時全額弁済を求めたとしても、SPC が全額一括返済することは不可能です。また、レンダーが担保権を実行してプロジェクトの売却を図ろうとしても簡単には売却できず、売却を実行できても融資残高全額を回収することは困難です。またレンダーがスポンサーを排除してプロジェクトに直接関与（ステップイン）することも可能ではありますが、時間と費用を必要とします。つまり、プロジェクトファイナンスにおいては、レンダーが Event of Default をもって SPC の期限の利益を喪失させ債権回収を行うことが、必ずしもレンダーにとって有利でないわけです。Event of Default が発生した場合、レンダーと SPC ないしスポンサーがテイラーメイドで協議を重ね、お互いに汗をかく（譲歩する）ことが、最良の解決となるのです。

　一般的にプロジェクトファイナンスはリスクが大きいと言われますが、通常の融資案件に比べて倒産確率が高いとは一概には言えないと思います。なぜならプロジェクトファイナンスでは、SPC とレンダーが、徹底したデューデリジェンスを通じて、プロジェクトのあらゆるリスク熟知した上で、「リスクを特定し、リスクを減少させ、そのリスクを最も適切に制御できる関連当事者にそのリスクを負担させる」セキュリティーパッケージをテイラーメードで構築するからです。またプロジェクトの建設・操業過程に発生する様々な Event of Default の発生で、レンダーがすぐ担保の執行を行わず、レンダーと SPC ないしスポンサーとの協議を通じて、お互いが譲歩した解決策を模索しようとするからです。

　この観点から、SPC やスポンサーは、普段からレンダー（幹事銀行）と緊密な relationship を保持し、お互いの信頼関係を醸成しておくことが極めて大事といえます。

リストラクチャリング

　リストラクチャリングとは、SPC の元利金返済が困難となった場合に、融資契約の修正、返済予定期日の後倒し（リスケジュール）等を行うことにより、担保執行手続きを回避することです。特にプロジェクトファイナンスにおけるリストラクチャリングは、融資契約の修正だけでなく、プロジェクトの主要契約にも変更を入れることになるという特徴があり、その分だけ関係調整が複雑で時間を要するものとなります。

　プロジェクトファイナンスのリストラクチャリングにおいては、まずスポンサー（または SPC）とレンダーとの間の牽制関係を十分に考慮しておくべきです。ポイントとしては、

① スポンサーは、プロジェクトファイナンスのセキュリティーパッケージで確約済のスポンサーサポートを SPC にフルに提供して、スポンサーの出資金の投資価値を守ろうとします。

② 一方、スポンサーは、スポンサーとしての責任を免れている部分（例えば、SPC の借入金の債務保証など）に、レンダーからスポンサーとしての責任を求められることを危惧しています。もし新たな責任を求められれば、出資額を上回るリスクを負うことになるからです。

③ 立場を変えて言えば、レンダーはスポンサーに新たな追加責任負担を求めていくことをリストラクチャリングの重要な要素と考えています。

④ 一方、レンダーは担保執行という強硬手段を持っていますが、前SECTION 4で述べた通り、レンダーによる担保執行が必ずしも全額の債権回収に結びつかないことから、レンダーもリストラクチャリングを通じてより確実に債権を回収したいというインセンティブを持っています。

⑤ とはいうものの、レンダーは当該プロジェクトに関して自身の専門性がないことを承知しており、リストラクチャリングにおいてスポンサーの専

図表 5-5　リストラクチャリング

項目	考察ポイント			
	スポンサーとレンダーのリスクシェアが論点			
	手段	スポンサー	⇔	レンダー
キャッシュ不足への対処	融資条件変更	金利引き上げ アメンド手数料支払		Covenants 緩和 元本支払猶予 リスケジュール 最終期限延長 金利棚上げ
	New Money	追加増資 追加親子ローン		追加融資 リファイナンス
負債圧縮	デッドエクイティスワップ（Debt Equity Swap）			
オフテイカーに起因する問題（支払遅延・不払・タリフリネゴ）	様々な形でのオフテイカーへの圧力 売掛債権売却で当面のキャッシュを調達 国営電力公社の場合は政府ルート（大使館・JBIC・NEXI 等）			
制度や規制に起因する問題	政府ルートでの圧力（大使館・経産省・JBIC・NEXI 等）			
担保執行	主要契約譲渡、ステップイン、資産売却			

　門能力に依存せざるを得ないことは認識しています。

　図表 5-5 に、リストラクチャリングの主な手段を記しました。キャッシュ不足への対応としては、大きく分けてレンダー側が融資返済を一時的に猶予するか新たな融資を行う方法と、スポンサーが不足資金を供与する方法があります。また融資額自体を減少させる方策として、SPC の負債を資本性のある資金に転換するデットエクイティスワップがあります。デットエクイティスワップとはレンダーの貸出金を返済の優先順位の低い劣後ローンまたは優先株に転換するもので、融資返済を一時的に猶予する一つの方法です。そのほかプロジェクトが困難に至る原因が、関連当事者に存在する場合は、その当事者との契約を見直すことで事態の改善をはかる方法があります。

　リストラクチャリングは、単にレンダーやスポンサー・SPC が新たなリスクを負担することによる解決だけではなく、当該事業を窮地に招いたリスクが、どの関連当事者を原因とするものかを明確にし、そのリスクを負担するのに最

も適切な関連当事者がリスクを負担することにより、無理のない事業の正常化を目指すことです。ただし、事業遂行が困難に至る原因が資源価格の高騰といった市場（マーケット）に起因する場合は、時間の経過と共に価格の回復を待つほかに根本的な解決手段はないため、全ての関連当事者でリスクを負担し合うしかありません。

　リストラクチャリングの注意点としては、リストラクチャリングの交渉をいつ開始するかという問題があります。この交渉開始のトリガーとなるのが、Event of Default が発生した時と考えるのが普通です。しかし、Event of Default が発生する以前に、プロジェクトファイナンスでは多くのアーリーウォーニング（予知）の仕組みがあるため、どの段階で SPC やスポンサーに法的な義務が発生するかを良く承知しておく必要があります。例えば元利金の不払いが生じた場合には、明らかに Event of Default の発生となりますが、Event of Default の一つである重大な悪影響（Material Adverse Change）の発生は明示的な基準が無いことが多く、どういう事態となれば重大な悪影響（Material Adverse Change）に伴う Event of Default に相当するかということが明確ではありません。レンダーは Event of Default が確定する前にリストラクチャリングの議論の開始を希望しますが、SPC やスポンサーとしては、事業が致命的な事態に至るまでにまだ十分に時間が残されているのであれば、Event of Default の発生が確定になってから、議論を開始すべきと考えます。Event of Default の発生の確定をもって、レンダーと SPC やスポンサーはリストラクチャリングの議論を始めることに合意した上で、レンダーは債権者としての権利（担保の実行等）を一時的に行使しないことおよび救済策（Remedy）を追求しないことを約定する現状維持協定（Standstill Agreement）を締結します。Standstill Agreement に設けた最終期限までにリストラクチャリングの合意を目指します。

リファイナンス

　リファイナンスとは融資の借り換えのことです。リファイナンスされた資金により既存融資残高を期限前弁済して、融資を一新することを言います。折角組成したプロジェクトファイナンスを何故リファイナンスするのでしょうか。プロジェクトは完工したのち、安定操業に入り、キャッシュフロー創出能力の実績が積み上がり、企業信用力が高まります。このトラックレコード（実績）によりプロジェクトのリスクが、プロジェクトファイナンス組成時よりも低下したとも考えられるため、リファイナンスによって借手に有利な融資条件が得られる可能性があるのです。リファイナンスによる融資条件の変化は次の通りです。

① 　借入金利を下げることができます。最終返済期日を延ばすこともできます。

② 　プロジェクトファイナンス固有の事業運営の足枷となっていた誓約事項（Covenants）や担保権の設定の解除が期待できます。

③ 　また最低DSCRを下げることで、期限前弁済額以上に融資額を増やすことができ、融資額の増額部分は特別配当として出資金の回収ができます。投資の回収が早まることでエクイティIRRの向上に寄与します。

④ 　SPCが格付会社から信用格付を取得することで、プロジェクトボンドと呼ばれる社債を直接金融で調達できることもあります。

　借手にとって有利なことばかりではありますが、リファイナンスにあたっての注意点を述べておきます。

① 　金利を固定するヘッジが設定されている場合、ヘッジを一旦解約するか、更改するための費用が発生します。

② 　また期限前返済のための手数料が発生することがあります。

③　リファイナンスにおいても、融資手数料や弁護士費用等が必要となります。

④　上記の費用とリファイナンスのメリットを総合的に検討します。

⑤　リファイナンスでは金利が低下するほか、融資条件を緩和させることになるため、現在のレンダーからリファイナンスを提案されることは少なく、レンダーでない銀行から持ち掛けられることが多いです。リファイナンスを進めるにあたり、プロジェクトを熟知した既往のレンダーにもリファイナンスに再び参加してもらうように、調整した方がよいでしょう。

⑥　一般的に銀行がプロジェクトファイナンス融資に前向きな（融資意欲が高い）環境にある時の方が、リファイナンスはうまく成功すると考えられます。

⑦　公的金融機関は通常リファイナンスには応じないケースが多いです。

プロジェクトファイナンスは事業期間内に全額約定返済（これをフルペイアウトといいます）することが前提となっていますが、案件によっては事業期間の途中で融資の一括返済の最終期限を迎えるものがあり（これをバルーンといいます）、その最終期限に自力で一括返済はできませんので、リファイナンスを行う必要があります。米国における市場買電型のIPP案件がそれに該当しますが、プロジェクトファイナンスの組成当初から最終期限でのリファイナンスを想定しておかねばならないことになります。

完済

　SPC が全ての債務の返済および手数料の支払いが完了すれば、完済となります。完済に伴って、

① 　担保が解除されます。

② 　レンダーによる事業への制約が無くなり、事業運営の自由度が増します。リスクを取った経営に舵を切り、設備の増強投資を行ったり、新たな販売先を開拓することも可能になります。

③ 　レンダーへの返済がなくなるのでスポンサーが受領する配当額は格段に増え、配当利回りが向上します。

　プロジェクトファイナンスの融資期間は通常 10 年以上になりますので、Dry Close 当時に関わっていたスポンサー、SPC、レンダーの担当者は完済時には異動等で変わってしまっているケースが多いのですが、完済した後に Dry Close 当時および現在のスポンサー、SPC、レンダー関係者が同窓会（reunion）という名のもとに集まることがあります。

　キックオフミーティングの緊張感、セキュリティーパッケージを巡るシビアな交渉、時間に追われる膨大なドキュメンテーション、達成感のある調印式（Dry Close）、建設時の様々なトラブル、完工の達成、操業中の思いもしない事象発生と債務不履行事由（Event of Default）への対処、そして静かな完済、とプロジェクトファイナンスの一生はドラマになるほどの波乱万丈の物語です。完済時に関係者一同で同窓会が開かれ、レンダー対ボロワーの壁を超えて「懐かしい思い出」をお互いに語り合えるような案件となれば、そのプロジェクトファイナンスは成功したと言えましょう。皆さんが取り組まれるプロジェクトファイナンス案件が、そのような案件となることを祈ります。

用　語　集

アベラビリティペイメント（Availability Payment）

プロジェクトが稼働可能な状態にある限り支払われる料金。プロジェクト
の固定費相当の金額となる。

アームズ・レングス（ALP：Arm's Length Principal）

利害関係がありうる当事者間が一定の適正な距離（腕の長さ）を保ち、独
立の立場または競争条件を平等にすることをいう。

インバースオーダー（Inverse Order）

期限前返済を行った場合、期限前返済した元本を最終期限の返済元本から
相殺していく方式。相対する方式をプロラタと呼ぶ。

ウェットファイナンスクローズ

→ Wet Close

エクイティIRR

→ EIRR

エクステンディッドポリティカルリスク保証・保険

政府機関等の支払いに対し政府保証が付されている場合、当該保証の不履
行により被る損失を保証またはてん補するもの。

オフショアエスクローアカウント

外国為替取引の障害を受けないようにするため、ロンドンやニューヨーク
で開設する銀行口座。

オフテイカー（Offtaker）

オフテイク契約の引取者

オフテイク契約（Offtake Agreement）

生産物・サービスの長期引取契約

オフバランス（Off Balance）

子会社である SPC の資産や負債を親会社の貸借対照表から外すこと。親会社の財務健全性確保のために行われる。

オペレーター

操業・保守の実施主体

〈か行〉

海外投資保険

NEXI 等が提供する本邦企業等が海外に保有する株式等についてポリティカルリスク等による損失をカバーする保険。

貸出実行可能期間（Availability Period）

融資契約の調印日から貸出実行最終期限までを指す。融資の実行を受けられる期間のこと。

貸出先行要件

→ CP

瑕疵担保保証責任

→ Defect Liability

株主間契約（Shareholders' Agreement）

SPC に出資を行うために、複数の株主が SPC の運営等について規定するもの。合弁契約書、株主間協定書とも呼ばれる。

完工テスト

工事完了後に実施する EPC 契約に決められた性能を確認するための試験。レンダーは、より厳格かつ長期間のテストを求めることがある。また財務上の数値が達成されていることも、完工テストに含める。

完工保証

プロジェクトファイナンスにおいて、工事の完成（完工）までの融資にスポンサーが保証を提供するもの。言い換えれば完工するまで、スポンサーが追加資金を提供する義務を負うもの。

カントリーリスク（Country risk）

当該国の自然、政治、経済、社会に起因するリスク。ポリティカルリスクを含む。

キャッシュウォーターフォール（Cash Waterfall）

プロジェクトの資金管理手法。プロジェクトの収入から操業費、租税公課、元利金返済、配当などの支払に優先順位をつける仕組み。

キャッシュスィープ（Cash Sweep）

キャッシュフローで想定していた以上に資金余剰となった場合、融資の期限前返済を行うもの。

キャッシュフロー（Cashflow）

プロジェクトから生じる収入、支出等の現金の流れ。

クラブディール（Club Deal）

融資に参加する銀行が交渉当初から決まっている融資形態。シンジケーションを行わない。

クロスデフォルト（Cross Default）

当該融資契約以外の契約において Event of Default が発生した場合も当該融資契約における Event of Default とすること。

クローバック（Clawback）

SPC の債務返済が困難となった場合に、スポンサーへ配当済の資金の返還を求めるもの。

コストオーバーラン（Cost Over-run）

予算超過。建設費や費用が当初予算を超えること。

コストプラスフィー契約（Cost Plus Fee）

建設工事実費にコントラクターの利益相当を加えた金額を契約金額とする契約（実費精算契約）。建設工事のコスト上限が見極めづらい。

コーポレートファイナンス

過去業績や財務内容等の定量的側面と、技術力・競争力等の定性的側面から総合的に判断した企業信用力を基本として行われる融資。

コマーシャルリスク

商業リスクのこと。SPC、スポンサー、EPC コントラクター、オペレーターなどの民間事業者が引き起こすリスク。

〈さ行〉

債務不履行事由

→ Event of Default

財務制限条項

誓約条項（Covenants）の一種。DSCR や財務比率等を条件として、キャッシュフローが悪化する前に債務不履行事由（Event of Default）に該当させるもの。

準拠法

契約書に適用する法律。プロジェクトファイナンスの場合、英法または米国ニューヨーク州法が多い。

正味現在価値

→ NPV

シンジケーション

一般的には複数の銀行が同一契約書に基づき同一条件で融資を行うことをいう。プロジェクトファイナンスでは、幹事銀行との間で融資条件の骨子が固まった段階で、参加銀行を広く募り、融資額を集めることをいう。

新技術リスク

実証済の技術（Proven Technology）ではない技術を採用することによる、完工や長期の操業の不確実性。

信用補完措置

レンダーから見て償還の確実性を高める措置。例えば CDS、DSU など。Credit Enhancement と呼ぶ。

ステップイン（ライト）

　債務不履行事由（Event of Default）が発生しプロジェクトの事業継続が危ぶまれる場合に、レンダーが事業に介入しリストラもしくは新スポンサーへの株式譲渡などを通じて事業の継続を図ること（その権利）。

ストラクチャリング

　融資の返済を確実にするために、さまざまな仕組みを構築すること。

スポンサー

　出資者、株主、親会社

スワップブレークファンディングコスト

　スワップ契約の解約に伴う手数料。

性能未達損害金

　→ LDs

誓約事項

　→ Covenants

セキュリティーパッケージ

　貸手から見た債権保全策。プロジェクトファイナンスの債権保全策は、親会社保証や物的担保という単純なものだけではなく、貸手、借手、その他関連当事者との間で合意された責任分担に基づき、各種プロジェクトリスクをコントロールし、事業の継続と債権の回収がスムーズに行われるように、構築されている。

操業リスク

　SPC やオペレーターの操業・保守能力が劣ることにより問題が発生するリスク。

ソブリンフック

　公的金融機関がポリティカルリスクに備えて現地国政府と契約を交わし勝手な行動をとらせないようにすること。

建値通貨

　取引の基準とする通貨（例えば 1 kwh あたり〇セント）。

タームシート（**Term Sheet**）

　関連当事者間で合意されたセキュリティーパッケージやリスク負担を簡潔に記載したもの。融資契約書の元となる。

遅延損害金

　→ LDs

テイクオアペイ（**take or pay**）

　オフテイカーがオフテイク契約に定められた通り、生産物・サービスを引取るか、引取が困難な場合は引取額に相当する金額を支払う契約条件。

デットエクイティ比率（レシオ）

　負債資本倍率のこと。Debt Equity Ratio とも呼ぶ。

デューデリジェンス（**Due Diligence**）

　プロジェクトの事業性を確認するための調査。技術、市場、法律、環境、会計税務、保険などの観点から調査を実施する。スポンサーが投資判断のために行うケースと、レンダーが融資の審査のために行うケースとがある。

テール

　最終返済期限を事業終了期限よりも数年前に置くこと。プロジェクトが遅延しても元利金の返済が確実に行われるために設定する。

倒産隔離

　SPC の保有する資産を関連当事者の倒産から切り離すこと。

ドキュメンテーション

　融資契約書の作成業務

ドライファイナンスクローズ

　→ Dry Close

〈な行〉

内部収益率

→ IRR

ノンリコース

リコースとは SPC の債務の返済に親会社の債務保証を求めることで、ノンリコースは親会社等からの債務保証がないものをいう。

〈は行〉

バイアウト（buy out）

プロジェクトが継続困難になった場合に主要契約を解約して、現地政府等がプロジェクトを買取る条項。

配当テスト（Distribution Test）

配当として外部に資金流出してもプロジェクトのキャッシュフローに将来支障が生じるような兆候がないかを確認するもの。

パススルー（pass through）

自身が負担すべき費用を第三者に転嫁する形をとり、自身の費用負担が生じないようにする契約。費用価格の変動の影響を免れる。

ハードルレート（Hurdle Rate）

スポンサーが期待するリターンの最低水準。投資判断の基準となる。CAPM（資本資産価格モデル）による株主資本コストとする場合と、WACC（加重平均資本コスト）を基準に決める場合等がある。

パリパス

返済の順位が同順位であること

バルーン

一括返済。リファイナンスが必要となることがある。

表明保証

→ Representations and Warranties

ファシリティ（Facilities）

融資の種類（長期ローン、運転資金枠等）のこと。

フォースマジュール（Force Majeure）

不可抗力。自然災害だけでなく、戦争などを含む予測、制御できない外的事由。帰責事由の帰属先がないもの。

プットオアペイ（put or pay）

供給者が供給契約に定められた通り、原燃料を供給するか、供給が困難な場合は当該原燃料の再調達に必要な費用相当額を支払う契約条件。

フルペイアウト

プロジェクトファイナンスでは事業期間内に全額返済される返済方法のこと。

プロジェクト IRR

→ PIRR

プロラタ

残高按分比例のこと。期限前返済を行った場合、期限前返済した元本を約定返済元本に按分比例して充当する方法。相対する方式をインバースオーダーと呼ぶ。

ヘッジ

リスクを回避するという意味だが、プロジェクトファイナンスでは借入の金利の固定化を指す。

ポリティカルリスク（Political Risk）

中央政府、地方政府、政府機関の政治行為から生じるリスク。戦争や接収など。

ポリティカルリスク保証・保険

ポリティカルリスクの発生により、出資金・貸付金が回収できないことにより被る損失を保証またはてん補するもの。

〈ま行〉

マーケットリスク

オフテイク契約がないため、不特定多数の市場相手に販売することによる、販売価格や数量の不確実性のこと。

マージン

基準金利に上乗せされる金利、スプレッドやプレミアムとも呼ぶ。

〈や行〉

優先株

配当等を優先して受領できる一方、議決権に制限が付された種類株。

〈ら行〉

利益相反

プロジェクトにおいては、同じスポンサーでありながら一方は有利になり、他方が不利益を被ることをいう。

リキダメ

→ LDs

リスクシェアリング

プロジェクトの関連当事者間でリスクを負担し合うこと。

リスケジュール

返済スケジュールを後倒しに見直すこと。

リストラクチャリング

元利金返済が困難となった場合に、融資契約の修正、返済スケジュールの後倒し（リスケジュール）等を行うことにより、倒産手続きを回避するもの。

リファイナンス

融資の借換え。条件次第で貸出期間の延長、金利の引き下げ、貸出額の増加が期待できる。

リミテッドリコース

リコースとはSPCの債務の返済に親会社等の債務保証を求めることで、リミテッドリコースは親会社等からの債務保証は求めないものの、親会社等に対して条件付きで資金的サポートを求められるようにするもの。

劣後ローン

元利金返済が劣後する借入。レンダーからの借入に対しスポンサーからの借入を劣後させる場合などに用いられる。

レバレッジ効果

プロジェクトの必要額に対し、融資額の割合を増やし出資額を抑えることで出資に対するリターンが高まること。

レプワラ

→ Representations and Warrenties

レンダー

融資を行う金融機関（銀行など）

〈アルファベット順〉

Amend

契約の変更・修正

CADS

→ CFADS

CDS（Cash Deficiency Support）

SPCのキャッシュフローが不足した場合にスポンサーが増資や親子ローンで資金を補てんすること。

CFADS（Cash Flow Available for Debt Service）

融資元利支払前のキャッシュフロー。DSCRの分子になる。CADSとも呼ばれる。

Covenants

誓約条項。借入人の義務を規定したもの。

CP（Conditions Precedent）

貸出先行要件　Dry Close 後、資金交付を受けるために必要な要件。政府許認可、ヘッジ・保険契約の締結、各種法律意見書の提出等の要件がある。

Credit Enhancement

→信用補完措置

CTA（Common Terms Agreement）

共通融資条件契約書。政府系金融機関と民間銀行が参加する場合等に作成される。

Cure Period

Event of Default が発生した後、その事態を解決するための治癒期間のこと。

Debt Capacity

借入金負担能力。キャッシュフローに対してどれだけの借入ができるかを示すもの。

Debt Equity Ratio

→デットエクイティ比率

Debt Service

次回返済予定元本・金利・Fees 金額

Debt sizing

キャッシュフローをもとに、借入金額を設定すること。

Defect Liability

瑕疵担保保証責任。完工後に発見された不具合に対して EPC コントラクターが無償で修理する保証のこと。

Deferral

元本返済スケジュールの繰り延べ

Direct Agreement

直接契約書。レンダーがプロジェクト関連当事者（含む現地政府）と Direct Agreement を締結し SPC との契約解除を防ぐほか、レンダーのステップインの権利を確保する目的がある。

Dry Close（または **Dry Finance Close**）

　融資関連契約の調印

DSCR（**Debt Service Coverage Ratio**）

　一定期間の融資元利支払前のキャッシュフローを分子に、同期間の元利支
払額を分母とした数値。キャッシュフローによる元利支払額の支払い能力
を表す。プロジェクトファイナンスでは債務返済能力を示す重要な数値。

DSRA（**Debt Service Reserve Account**）

　次回（または数次の）元利支払額の資金を積み立てる口座。短期的に
キャッシュフローが不足した場合でも債務返済が滞らないようにするため
に設けられる。

DSU（**Debt Service Undertaking**）

　SPCの債務返済の一部をスポンサーが保証するもの。

ECA（**Export Credit Agency**）

　輸出信用機関。日本ではJBICとNEXIが相当する。

EIA（**Enviromental Impact Assessment**）

　→ ESIA

EIRR（**Equity Internal Rate of Return**）

　配当と残余財産の分配の現在価値から出資額の現在価値を差し引いた金額
が零となる割引率。スポンサーの投資リターンを示す。エクイティIRR。

EPC（**Engineering Procurement Construction**）契約

　設計調達建設請負契約

ESIA（**Environmental and Social Impact Assessment**）

　環境社会影響評価。プロジェクトの自然・社会環境への影響評価。現地国
政府から提出を求められる。環境影響評価（EIA：Environmental Impact
Assessment）と呼ばれることもある。

Event of Default

　債務不履行事由。期限の利益の喪失となり、レンダーの判断で即時全額返
済が求められる。

Financial Advisor

プロジェクトの組成時、事業性評価、資金調達などでアドバイスを行う者。

Financial Completion

財務完工。DSRA の積立や DSCR の達成等を要件とする。

FID（Final Investment Decision）

最終投資決定

FIT（Feed in Tariff）

固定価格買取制度、電力等の買取価格を法律で定めた制度。

IE（Independent Engineer）

レンダーのデューデリジェンスにおける技術コンサルタント。建設や操業の技術評価を行う。LTA（Lender's Technical Advisor）とも呼ぶ。

Information memorandum

融資を期待するレンダーに提示する案件概要書。IM、インフォメモとも呼ぶ。

IPP（Independent Power Producer）

独立系発電事業者

IRR（Internal Rate of Return）

内部収益率。NPV が零となる割引率。投下資金のリターンを示す。

LC（Letter of Credit）

銀行信用状

LDs（Liquidated Damages）

完工遅延、性能未達等の契約違反により生じ得る損害額を事前に見積り、契約違反の際はその額を賠償金とみなす取り決め。コントラクターが支払う損害賠償金。リキダメと略される。

Lenders' Reliability Test

レンダー独自の完工テスト。EPC 契約上の完工テストより厳しい条件を課す。

LLCR（Loan Life Coverage Ratio）

残存融資期間における元利支払前のキャッシュフローを現在価値に割引いた金額を分子に、融資残高を分母とした数値。融資残高のキャッシュフローによる返済能力を示している。包括的な債務返済能力を示すもの。

LSTK（Lump Sum Turnkey）契約

契約金額が固定で、稼働可能な状態で機器の引き渡しを行う契約。

LTA（Lender's Technical Advisor）

→ IE

LTSA（Long Term Services Agreement）

機器サプライヤー等との保守に関する長期サービス契約。

MAC（Material Adverse Change）

SPC ないしプロジェクトに対して重大な悪影響を与える事由、事態、事実、状況または変化。MAE（Material Adverse Effect）とも呼ばれる。

MAE（Material Adverse Effect）

→ MAC

Mechanical Completion

物理完工。通常 EPC 契約上の完工テストを経て達成される。Physical Completion とも呼ぶ。

MLA（Mandated Lead Arranger）

融資団の幹事銀行

MMRA（Major Maintenance Reserve Account）

大規模修繕に必要な費用を積み立てる口座。キャッシュアウトの平準化のために設置される。

MOU（Memorandum of Understanding）

覚書、基本合意書。通常法的拘束力を有しない。

NPV（Net Present Value）

将来キャッシュフローの現在価値から投下資本の現在価値を差し引いたもの。

NTP（Notice to Proceed）

EPC 契約上の建設開始指示通知。Wet Close が達成された際、発出される。

OPE（Out of Pocket Expenses）

レンダー、アドバイザーや弁護士の旅費、宿泊費、通信費などの費用。

Operational Completion

操業完工。一定期間の連続操業を確認する完工テストを経て達成される。

O&M（Operation and Maintenance）契約

操業保守契約書。第三者のオペレーターと操業・保守業務を定める契約。

PFI（Private Finance Initiative）

公共施設等の整備・運営を長期間一括して民間事業者に委ねる事業手法。

Physical Completion

→ Mechanical Completion

PIRR（Project Internal Rate of Return）

EBITDA（税引前利益に支払利息と減価償却を加えた利益）の現在価値から出資額と借入額の合計の現在価値を差し引いた金額が零となる割引率のこと。レバレッジ効果を勘案しない事業そのものの収益性評価。

PPA（Power Purchase Agreement）

IPP 案件における買電契約

Remedy

救済措置、救済策。借入人が約定弁済を怠った場合、レンダーが借入金の即時全額返済を求めること、など。

Representations and Warranties

表明保証。レンダーが融資契約締結にあたり依拠した事実認識について、借入人が表明保証すること。例えば、SPC が適正に設立、組織され、所在国の法律のもとで有効に存続していること等。

SPC（Special Purpose Company）

特定のプロジェクトを遂行するためだけに設立された会社。株式だけを保有するだけのもの、最小限の人員で事業の実施は第三者に委託するもの、多くの従業員を抱えて自らが操業を行うもの等、様々な形態がある。SPV（Special Purpose Vehicle）とも呼ぶ。

Stand by Equity

将来の資金不足の際、スポンサーによって提供される増資資金のこと。

Technical Service Agreement

操業サポート契約。SPC 自身が操業・保守を行う場合、スポンサー等が技術的支援を行う契約。

Waive

Event of Default 等の発生時に契約上の権利を放棄すること。免除。但し、期間付もしくは条件付の免除を含むことがある（その場合は猶予）。

Wet Close（または Wet Finance Close）

Dry Close 後、貸出先行要件を充足して初回貸出金が引き出されること。通常「ファイナンスクローズ」とは Wet Close のことを指す。工事着工が可能となる。

索　引

【英語】

[A-C]

【著者紹介】

堀切 聡（ほりきり　そう）

中国電力株式会社　国際事業部門　部門長補佐

1986年京都大学経済学部卒業。

株式会社日本長期信用銀行にて国内営業、海外プロジェクトファイナンス等を担当後、

1998年から日本輸出入銀行（現　株式会社国際協力銀行）にて、審査、営業、リスク管理等を担当し、

2016年から中国電力株式会社国際事業部門にて海外電力投資を担当

著者との契約により検印省略

令和3年 6月30日	初 版 発 行
令和4年 1月30日	初版2刷発行
令和4年12月30日	初版3刷発行

わかりやすい
プロジェクトファイナンスによる資金調達
—インフラ投資を実現する

著 者	堀 切 　 聡
発 行 者	大 坪 克 行
印 刷 所	美研プリンティング株式会社
製 本 所	牧製本印刷株式会社

発 行 所	〒161-0033 東京都新宿区下落合2丁目5番13号	株式会社 税務経理協会

振　替 00190-2-187408　　電話 (03)3953-3301 (編集部)
F A X (03)3565-3391　　　　　 (03)3953-3325 (営業部)
URL　http://www.zeikei.co.jp/
乱丁・落丁の場合は，お取替えいたします。

ISBN978-4-419-06785-4　C3034